Русский алфавит

Аа	*Аа*	Бб	*Бб*	Вв	*Вв*	Гг	*Гг*
Дд	*Дд*	Ее	*Ее*	Ёё	*Ёё*	Жж	*Жж*
Зз	*Зз*	Ии	*Ии*	Йй	*Йй*	Кк	*Кк*
Лл	*Лл*	Мм	*Мм*	Нн	*Нн*	Оо	*Оо*
Пп	*Пп*	Рр	*Рр*	Сс	*Сс*	Тт	*Тт*
Уу	*Уу*	Фф	*Фф*	Хх	*Хх*	Цц	*Цц*
Чч	*Чч*	Шш	*Шш*	Щщ	*Щщ*	ъ	*ъ*
Ы *ы*	Ь *ь*	Ээ	*Ээ*	Юю	*Юю*	Яя	*Яя*

A A

A A

a a

a a

Aa Aa

Aa Aa

A A

A A

a a

a a

Aa Aa

Aa Aa

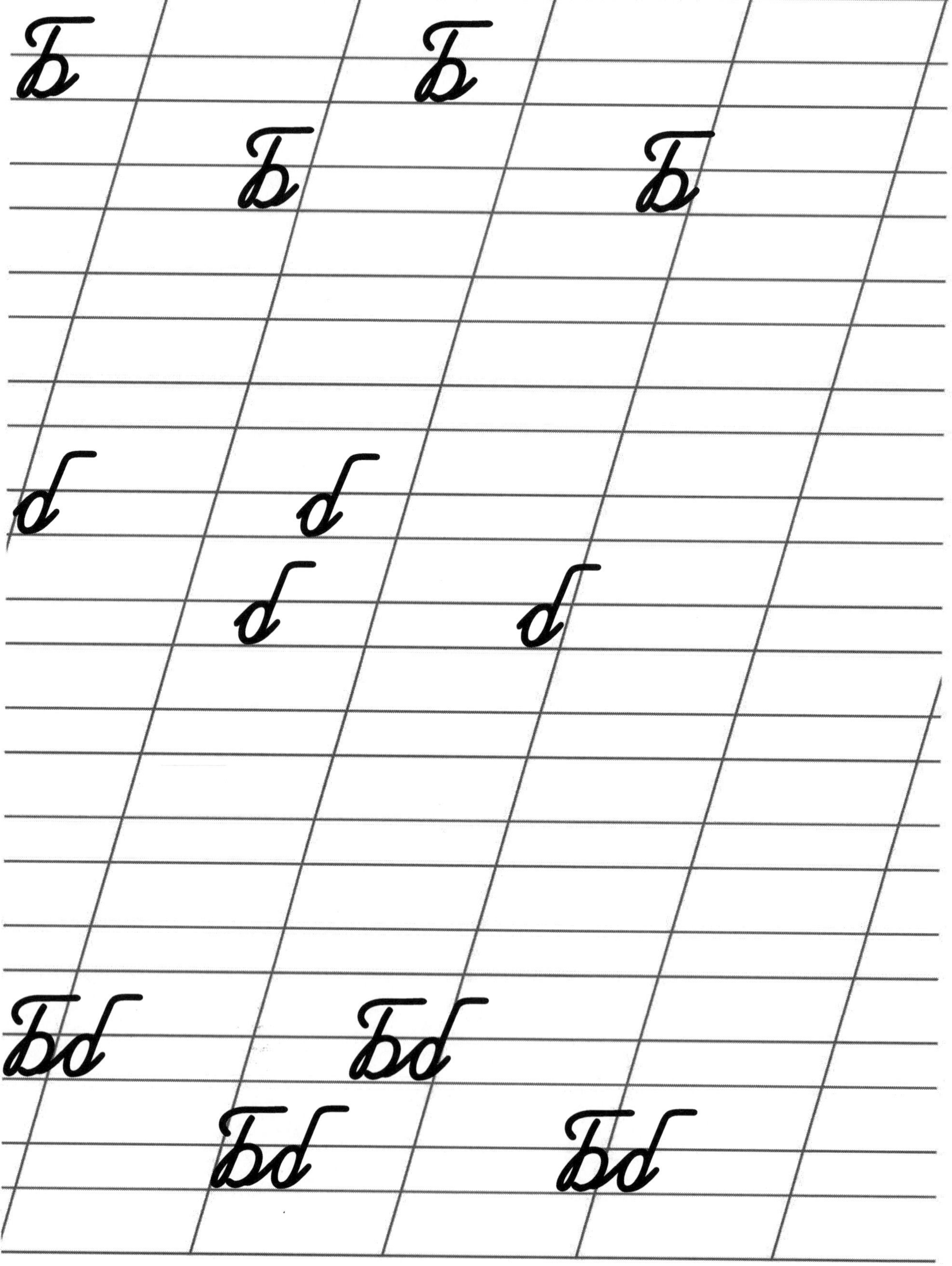
Б Б
Б Б
б б
б б
Бб Бб
Бб Бб

Б Б
Б Б

б б
б б

Бб Бб
Бб Бб

B B

B B

b b

b b

Bb Bb

Bb Bb

B B

B B

b b

b b

Bb Bb

Bb Bb

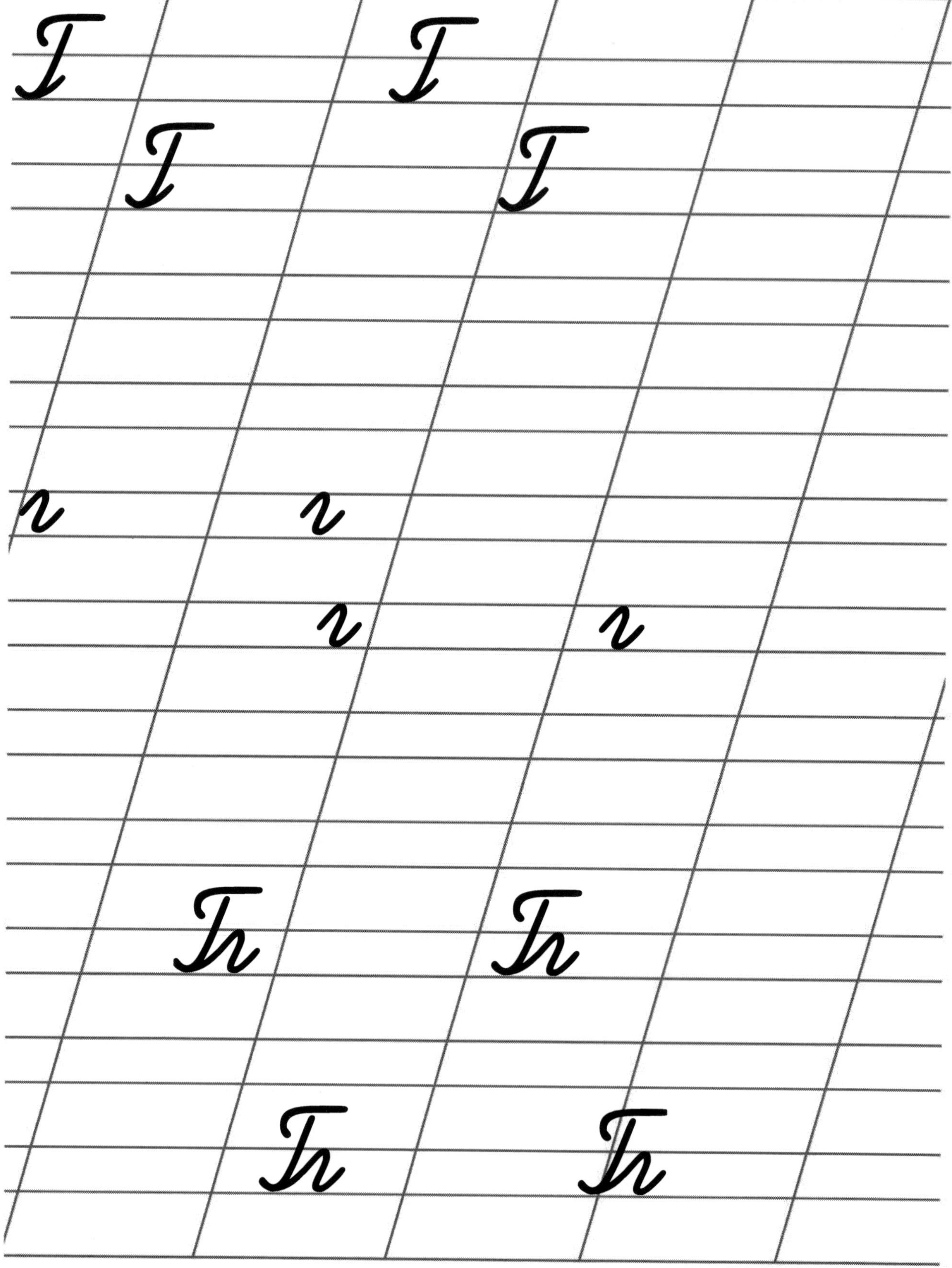

T T

T T

r r

r r

Tr Tr

Tr Tr

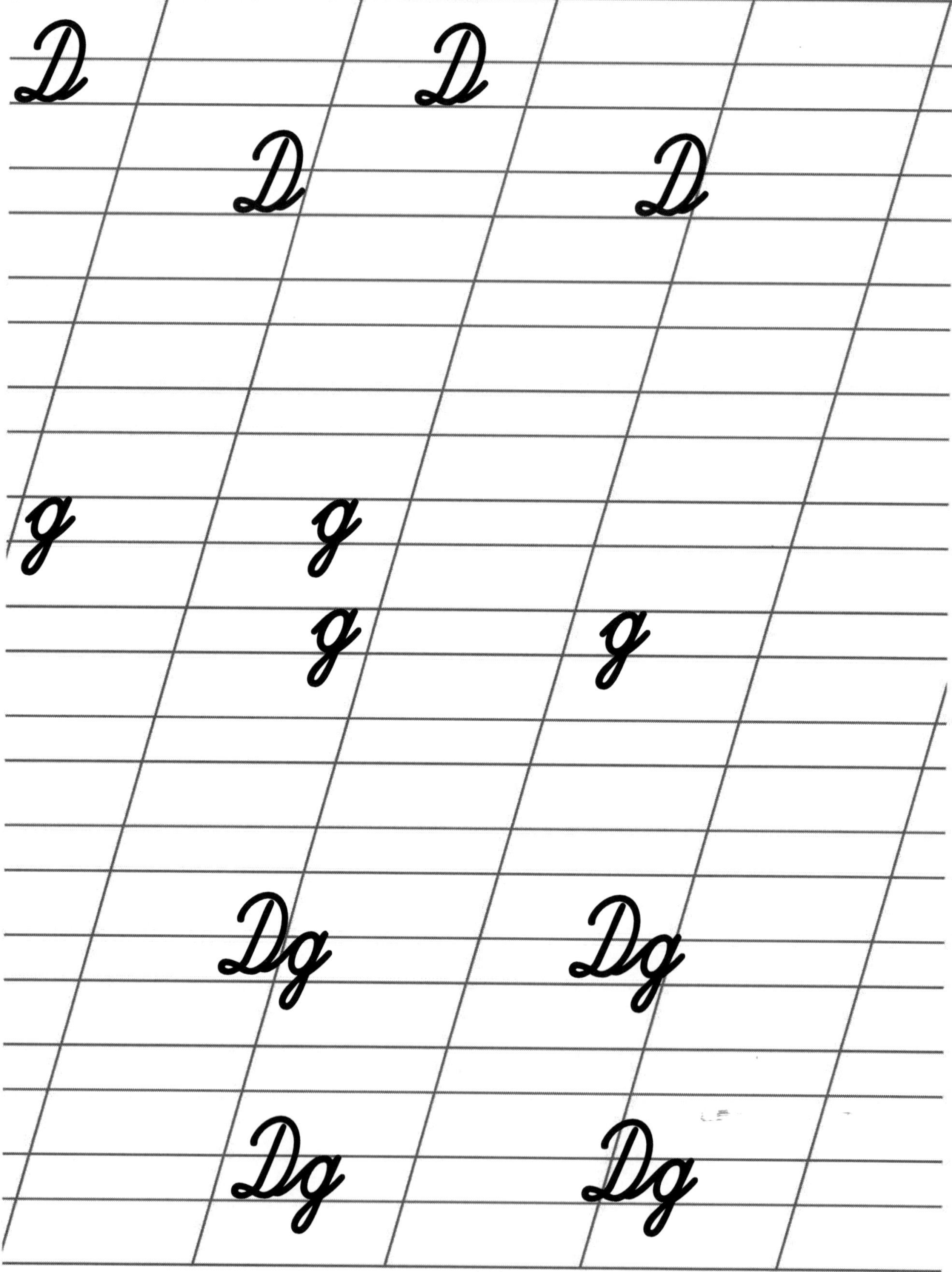

D D
D D
g g
g g
Dg Dg
Dg Dg

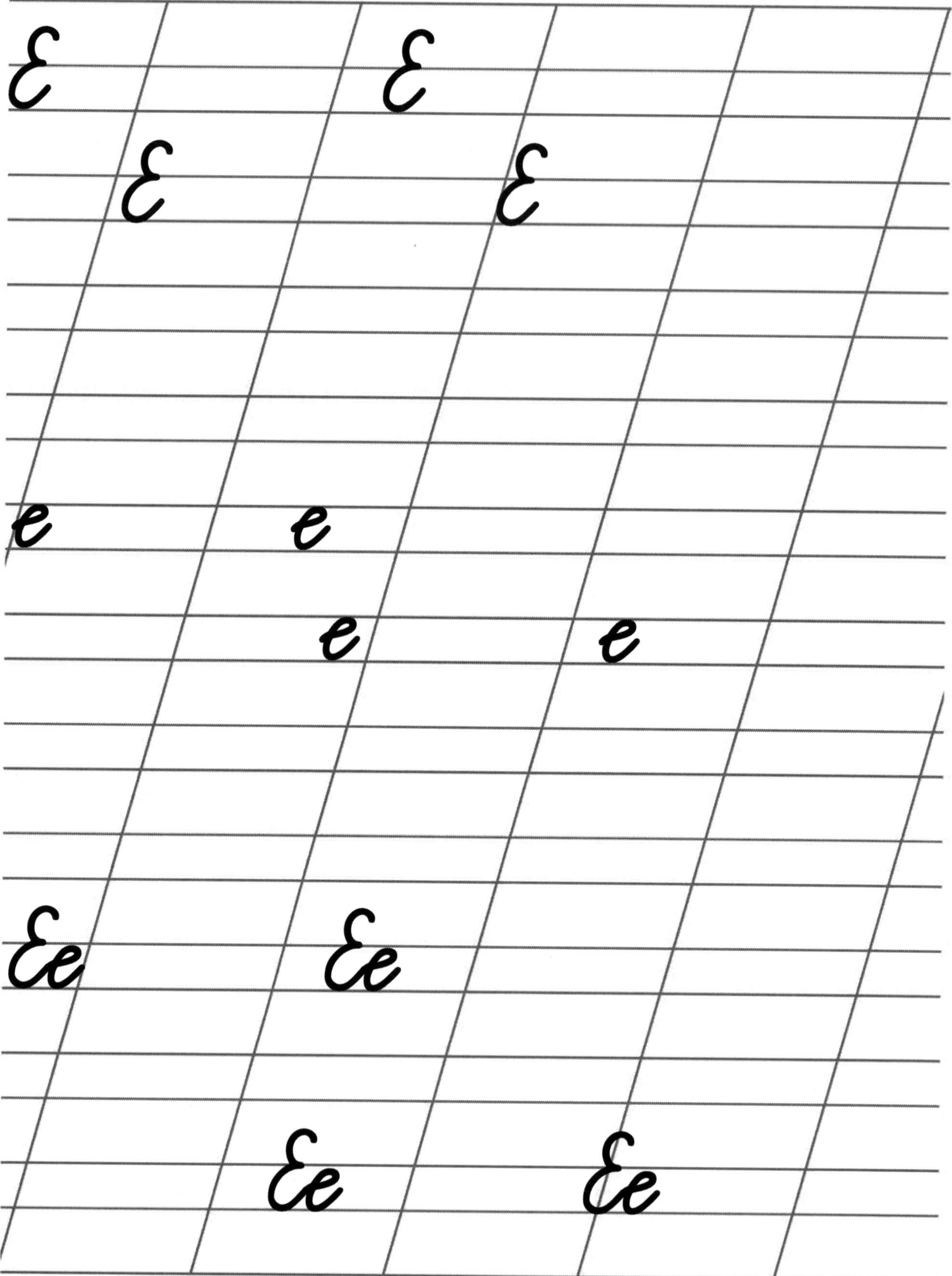

E E
E E
e e
e e
Ee Ee
Ee Ee

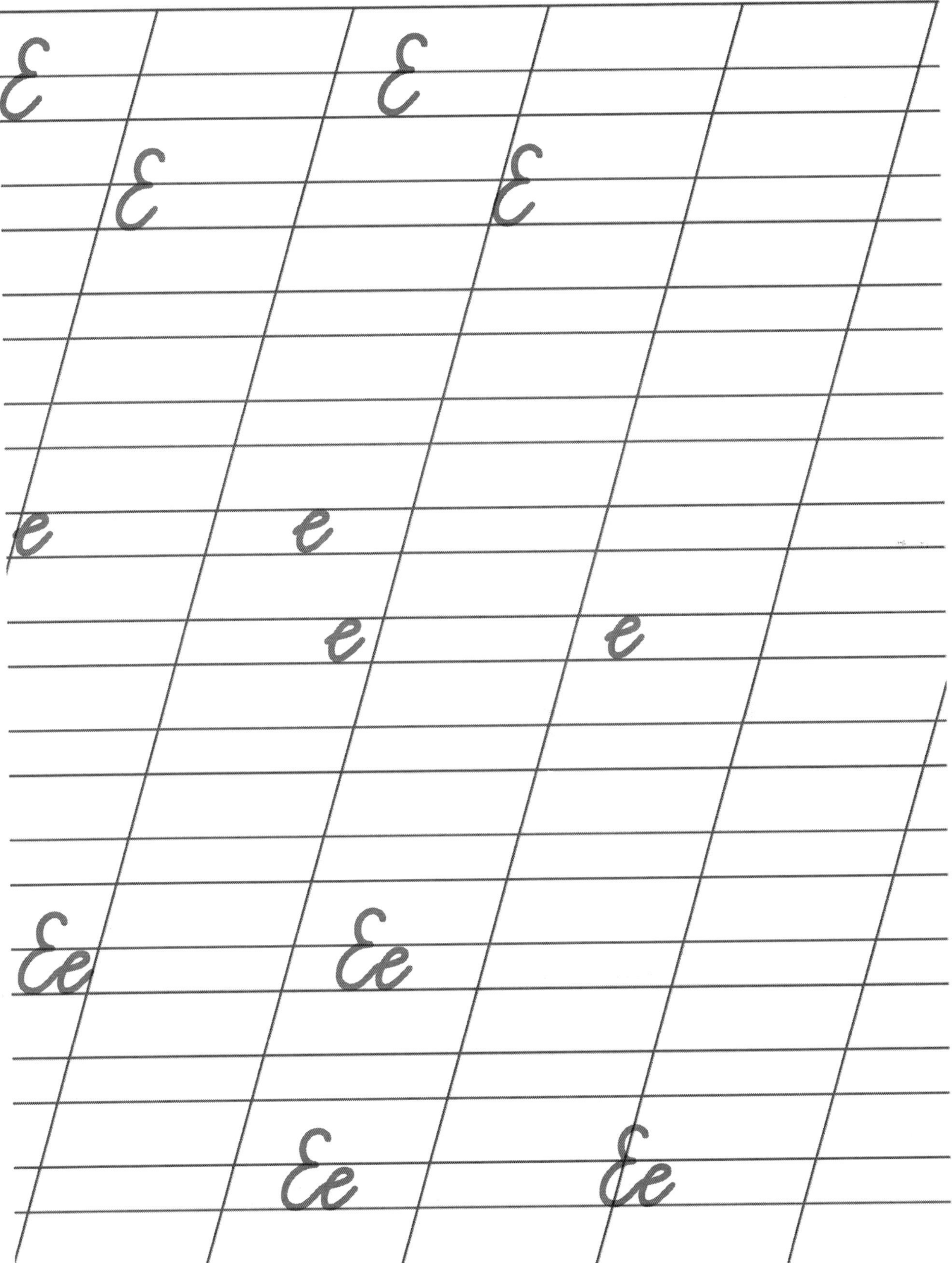

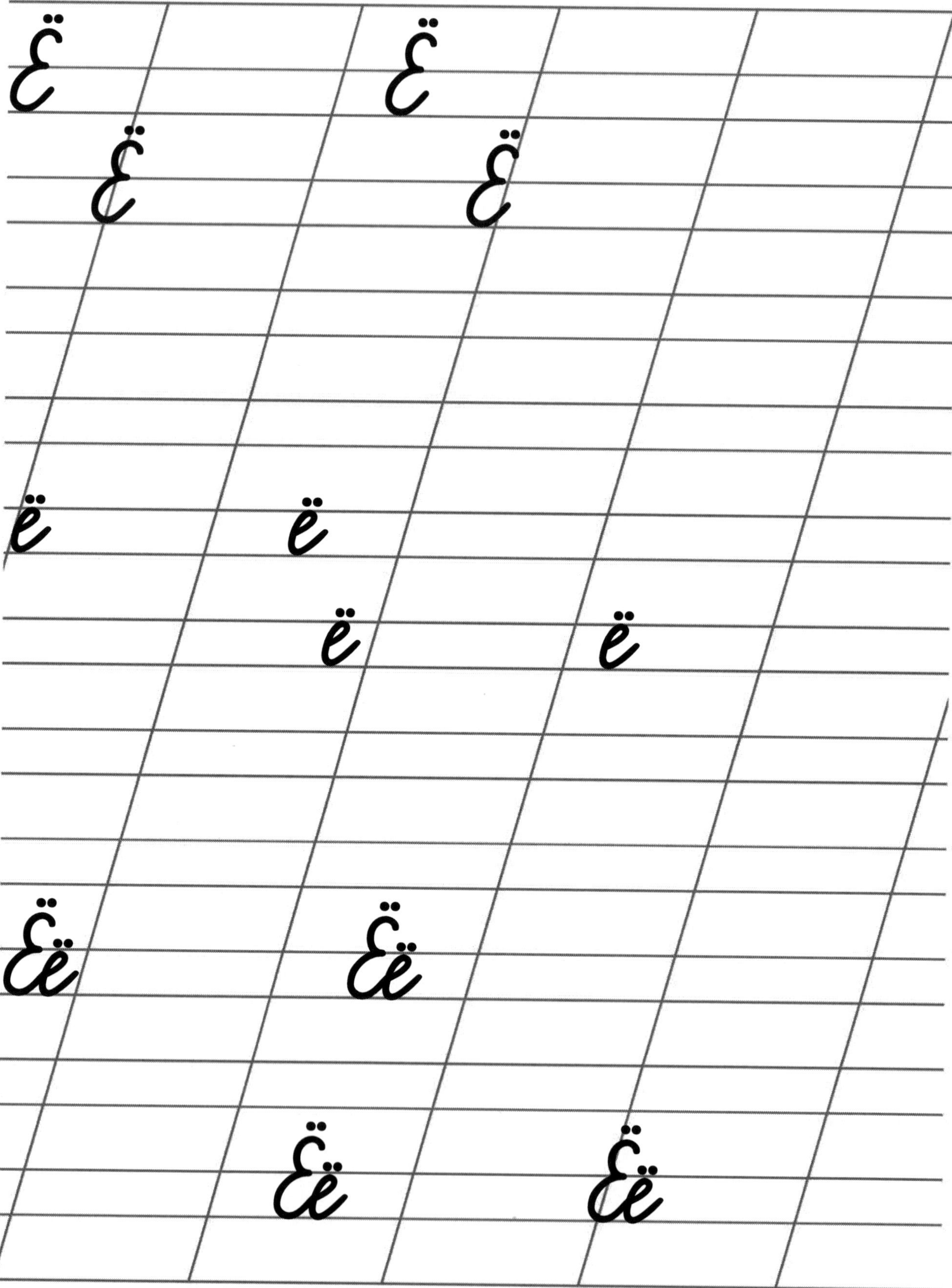

Ё Ё
Ё Ё
ё ё
ё ё
Ёё Ёё
Ёё Ёё

Ё Ё

Ё Ё

ё ё

ё ё

Ёё Ёё

Ёё Ёё

Ж Ж
Ж Ж

ж ж
ж ж

Жж Жж

Жж Жж

Ж Ж

Ж Ж

ж ж

ж ж

Жж Жж

Жж Жж

Z Z

Z Z

z z

z z

Zz Zz

Zz Zz

И И

И И

и и

и и

Ии Ии

Ии Ии

И И

И И

и и

и и

Ии Ии

Ии Ии

Й Й
Й Й

й й
й й

Йй Йй
Йй Йй

Й Й

Й Й

й й

й й

Йй Йй

Йй Йй

К К
К К
к к
к к
Кк Кк
Кк Кк

K K

K K

k k

k k

Kk Kk

Kk Kk

л л

л л

л л

л л

Лл Лл

Лл Лл

л л

л л

л л

л л

Лл Лл

Лл Лл

М М
М М

м м
м м

Мм Мм
Мм Мм

М М

М М

м м

м м

Мм Мм

Мм Мм

Н Н

Н Н

н н

н н

Нн Нн

Нн Нн

Н Н

Н Н

н н

н н

Нн Нн

Нн Нн

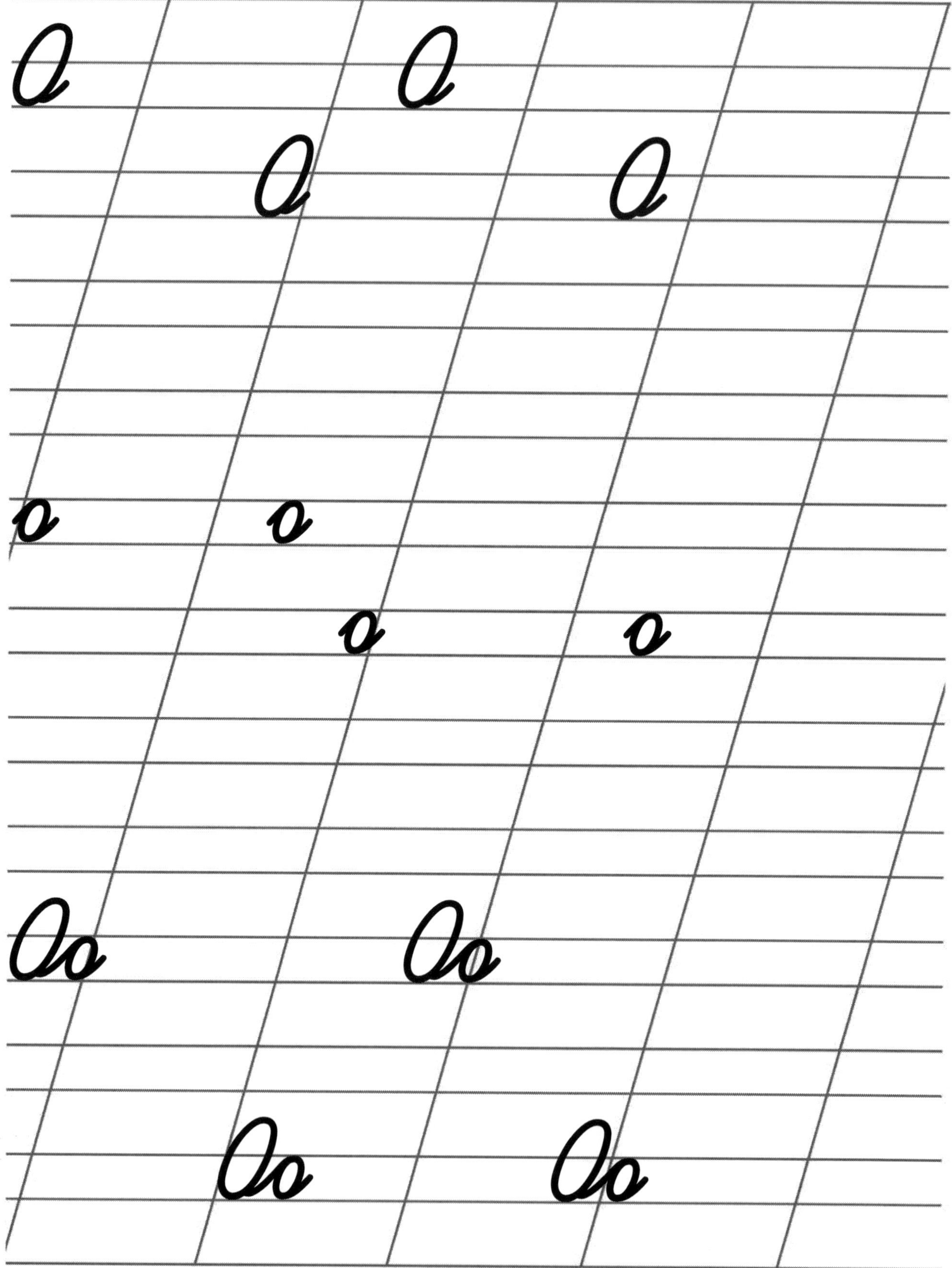

П П
П П

п п
п п

Пп Пп
Пп Пп

П П

П П

п п

п п

Пп Пп

Пп Пп

P P
P P

p p
p p

Pp Pp
Pp Pp

P P

P P

p p

p p

Pp Pp

Pp Pp

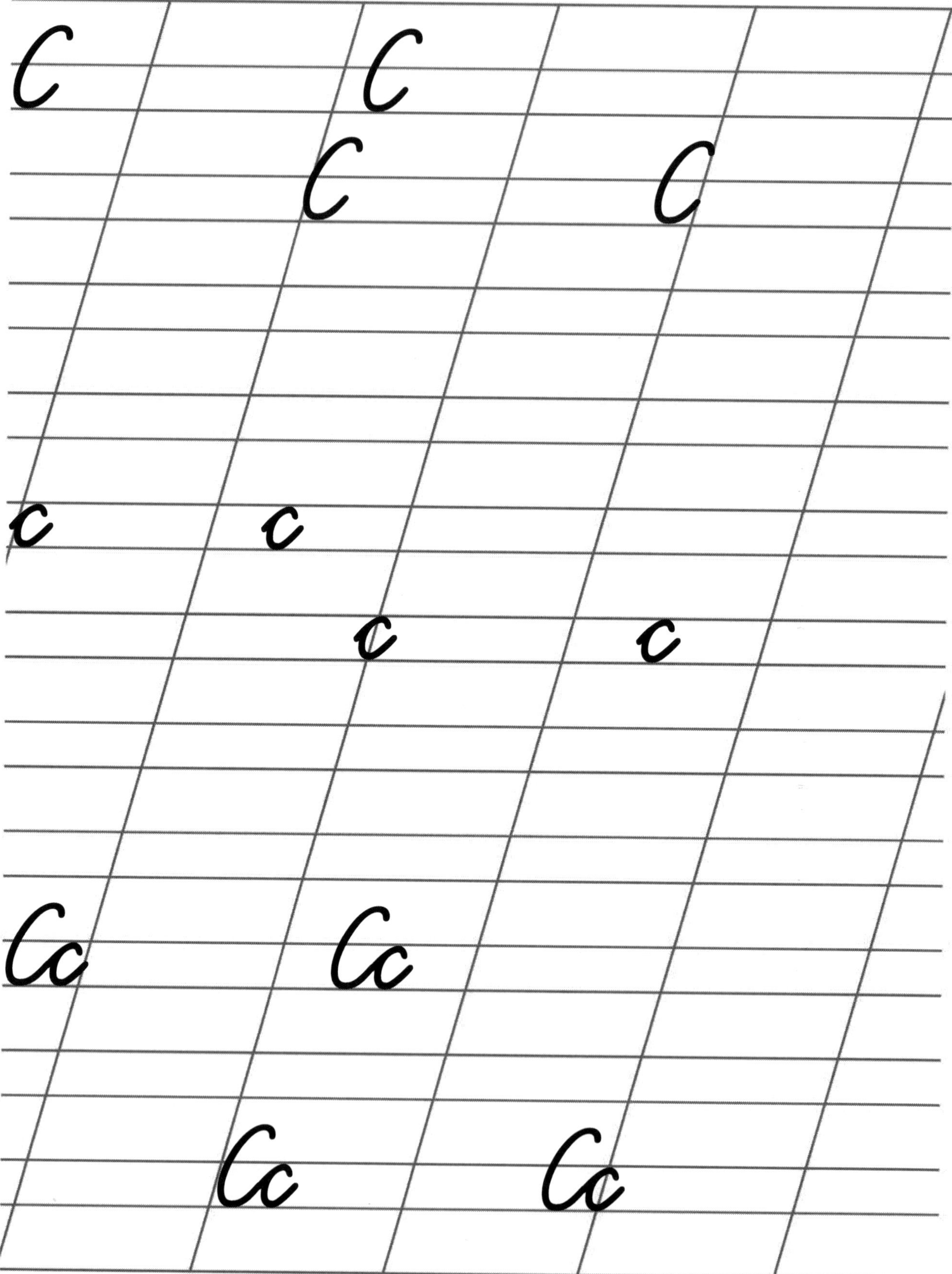
C
C
C
C
c
c
c
c
Cc
Cc
Cc
Cc

C C

C C

c c

c c

Cc Cc

Cc Cc

Т Т

Т Т

т т

т т

Тт Тт

Тт Тт

Т Т
Т Т

т т
т т

Тт Тт
Тт Тт

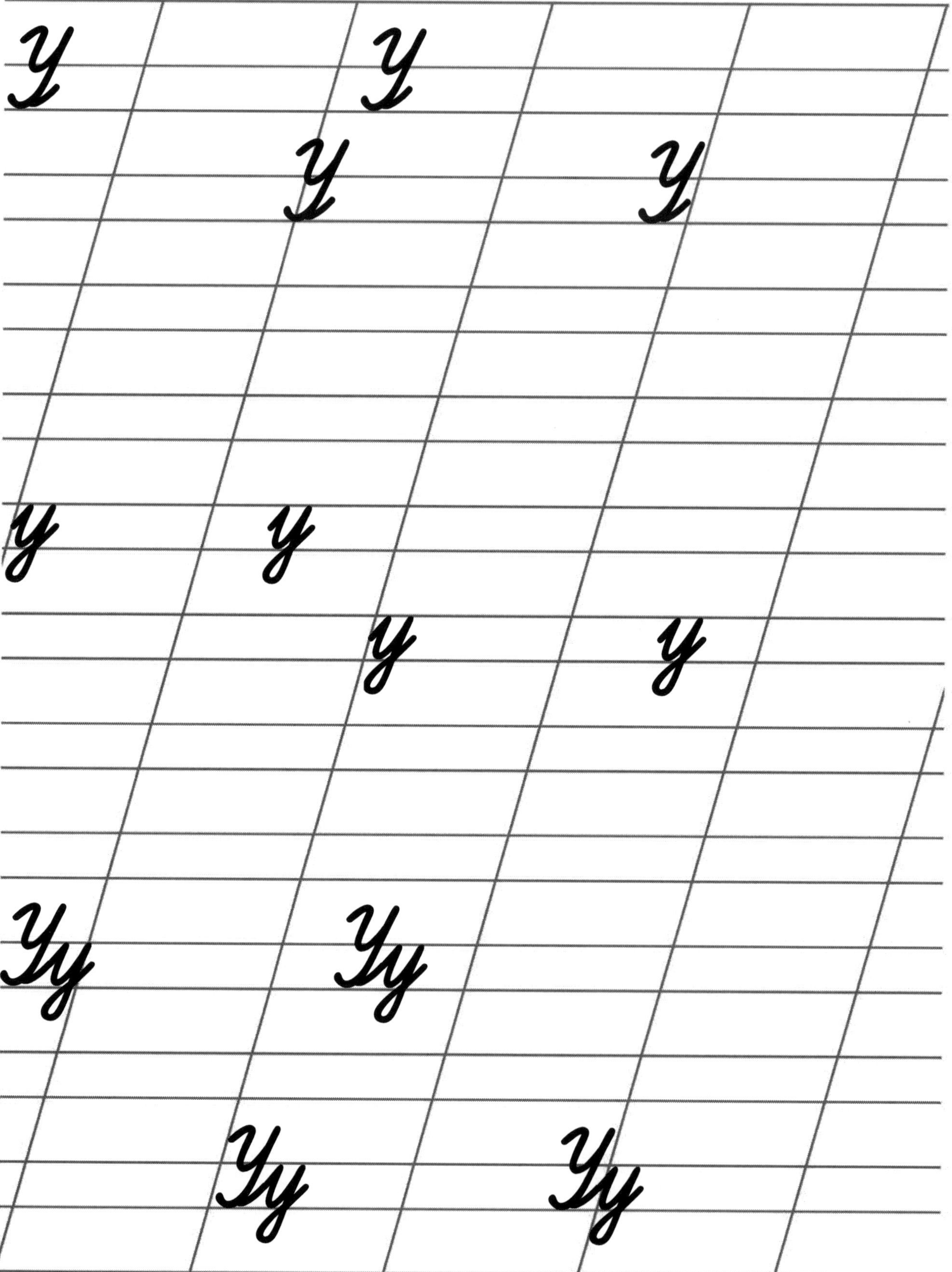

У У

У У

у у

у у

Уу Уу

Уу Уу

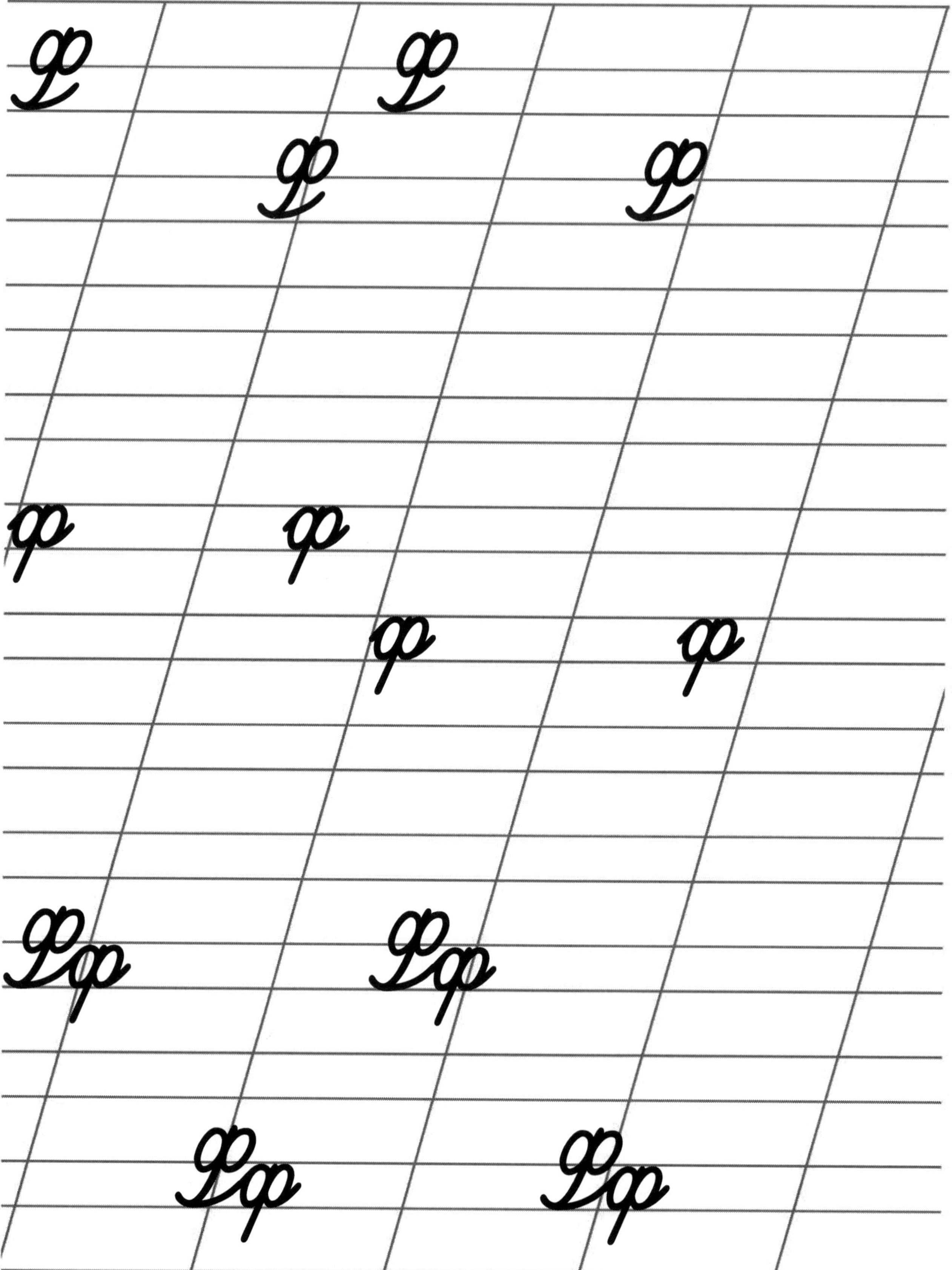

Φ Φ

Φ Φ

φ φ

φ φ

Φφ Φφ

Φφ Φφ

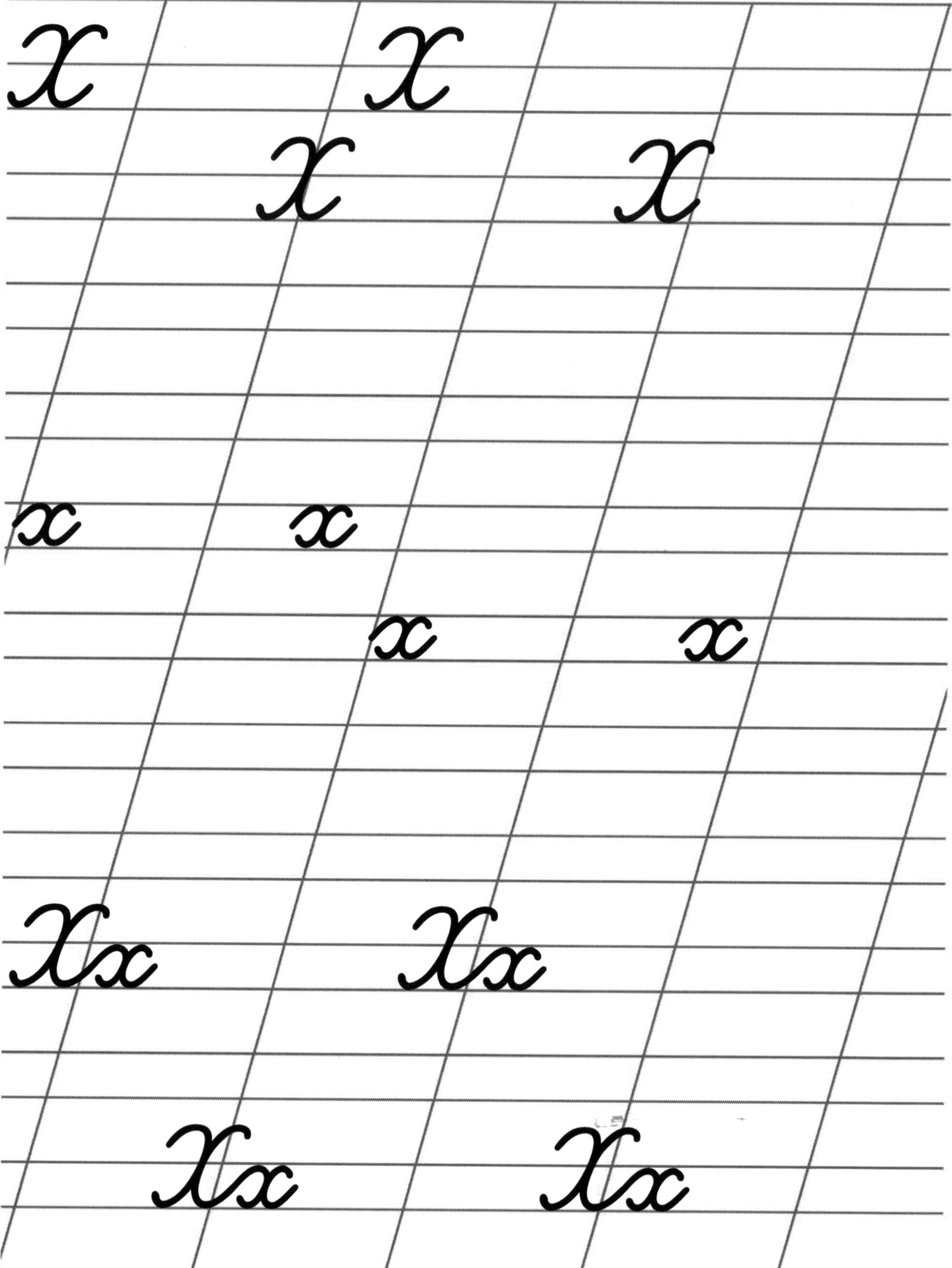

X *X*

X *X*

x *x*

x *x*

Xx *Xx*

Xx *Xx*

Ц Ц

Ц Ц

ц ц

ц ц

Цц Цц

Цц Цц

Uy Uy

Uy Uy

Uy Uy

Uy Uy

UyUy UyUy

UyUy UyUy

ч ч

ч ч

r r

r r

чr чr

чr чr

ч ч

ч ч

r r

r r

чr чr

чr чr

Ш Ш

Ш Ш

ш ш

ш ш

Шш Шш

Шш Шш

Ш Ш

Ш Ш

ш ш

ш ш

Шш Шш

Шш Шш

Ղ Ղ
Ղ Ղ

ղ ղ
ղ ղ

Ղղ Ղղ
Ղղ Ղղ

Щ Щ

Щ Щ

щ щ

щ щ

Щщ Щщ

Щщ Щщ

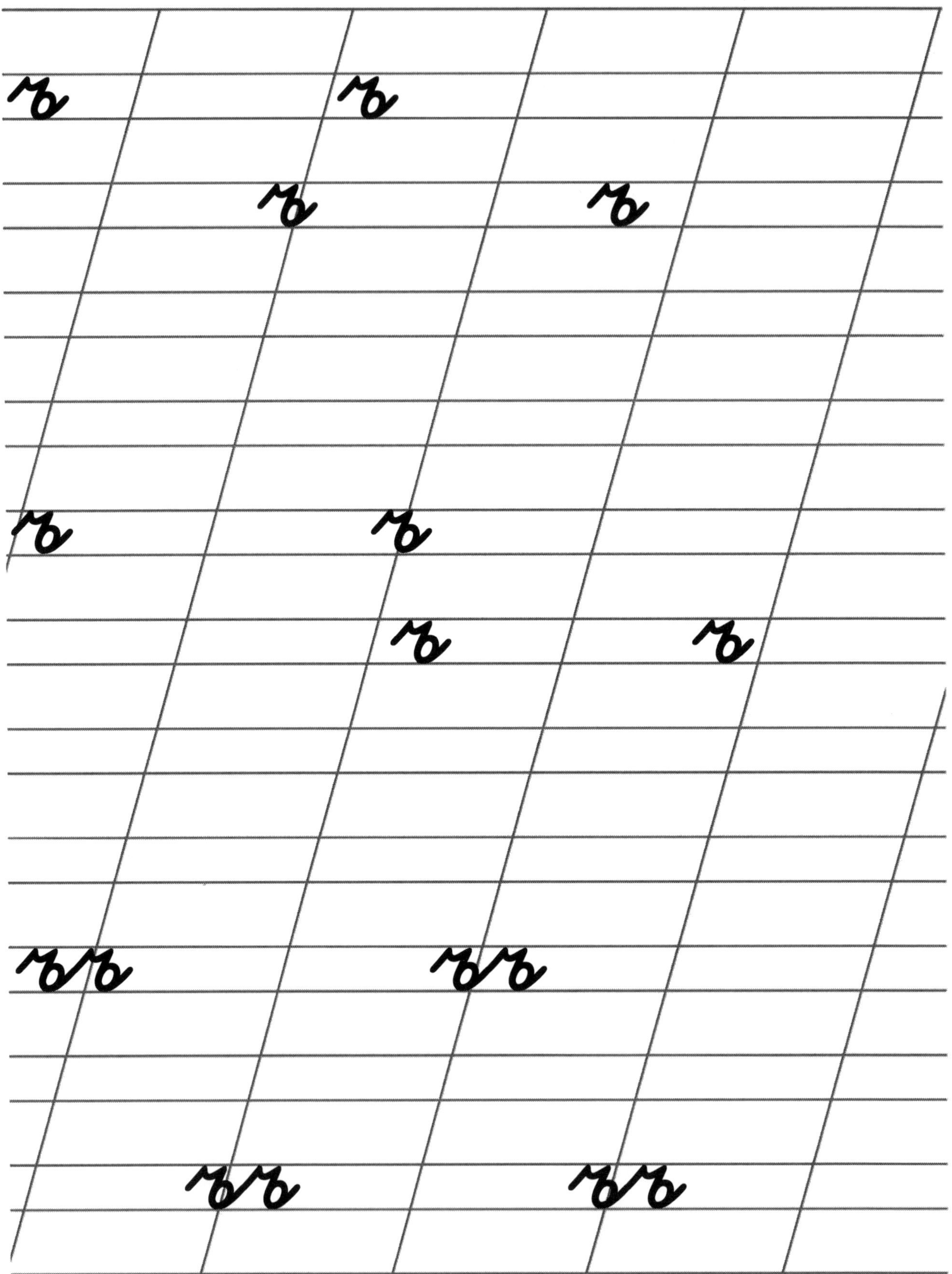

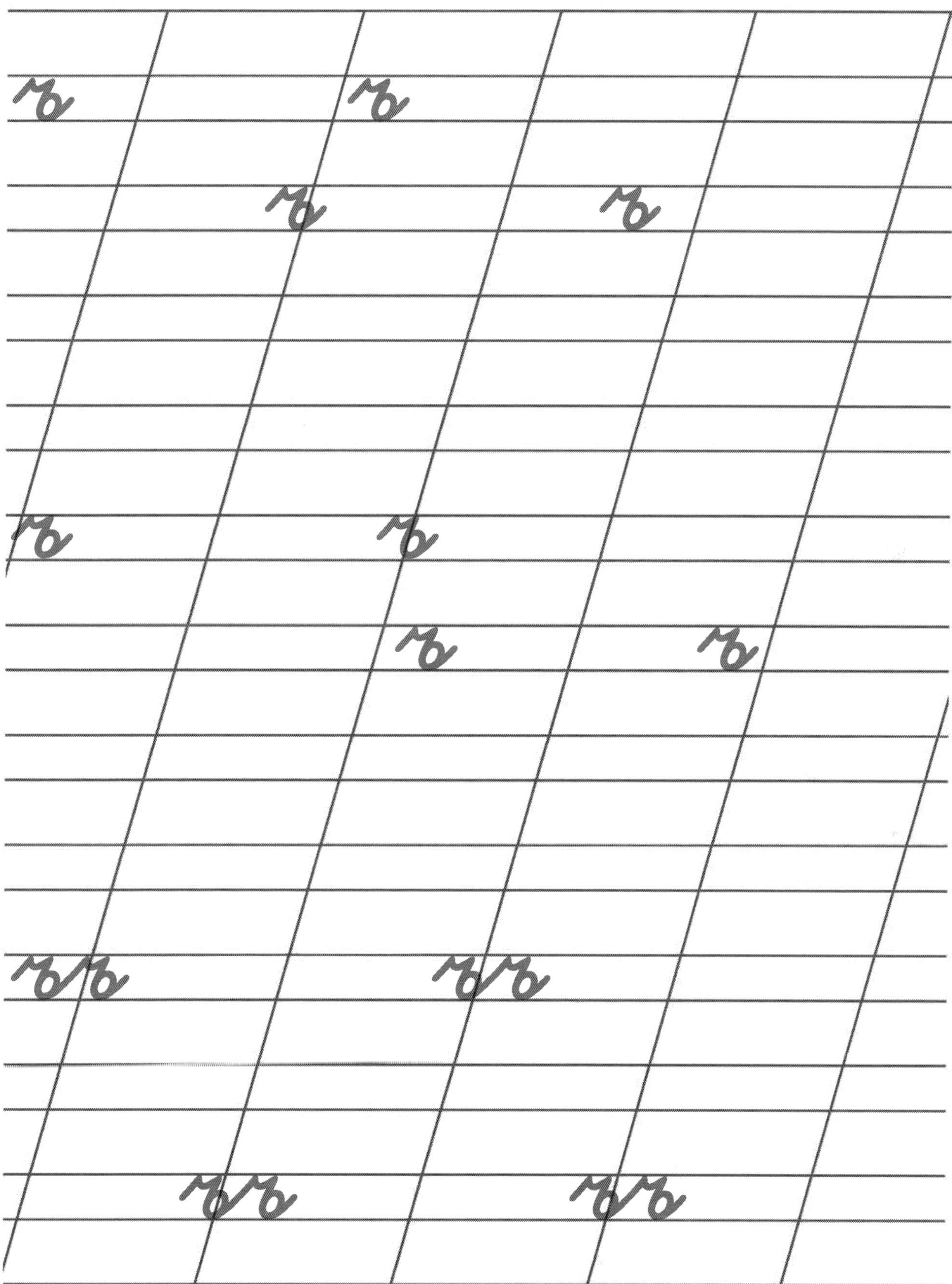

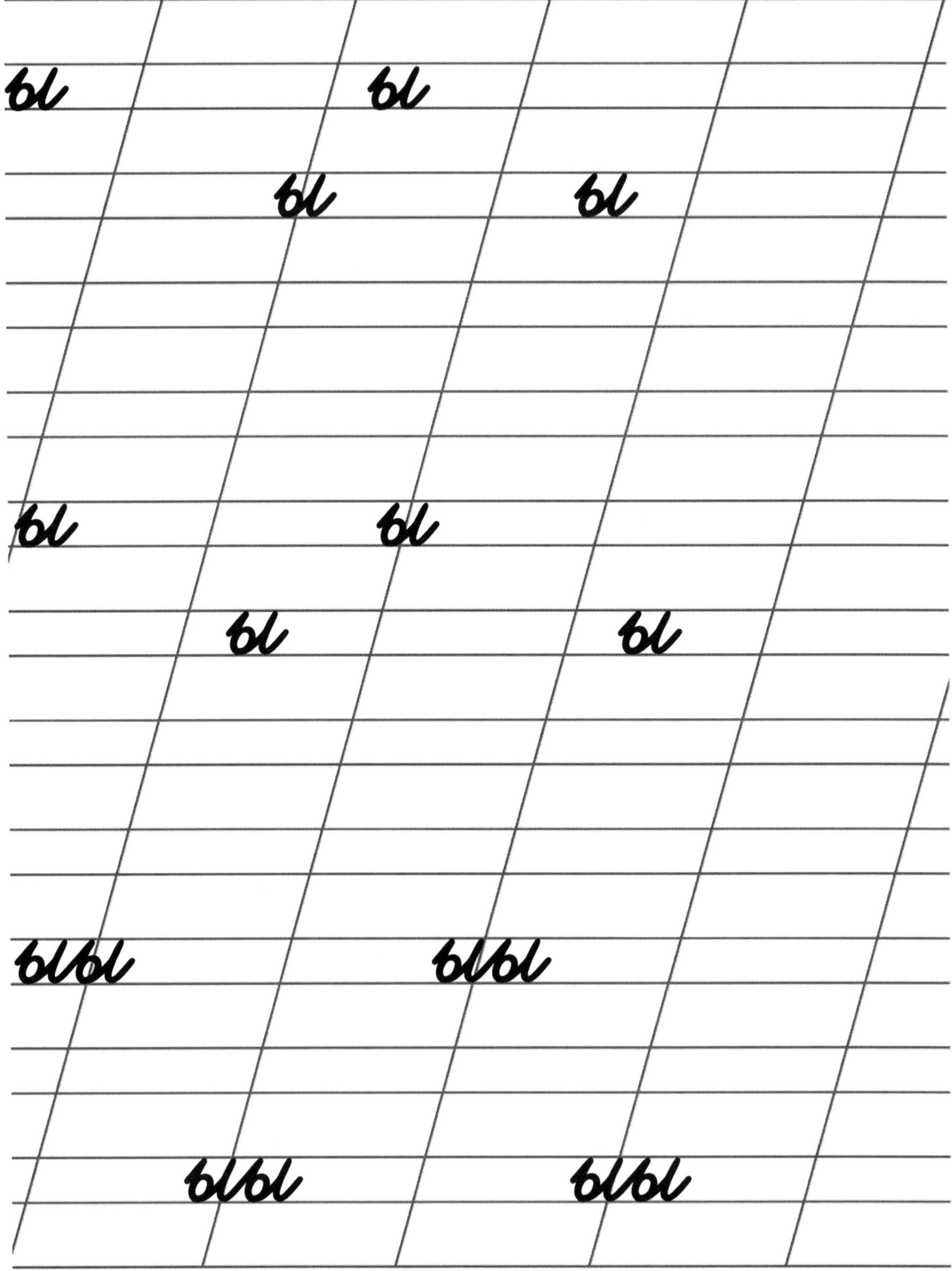
bl
bl
bl
bl
bl
bl
bl
bl
blbl
blbl
blbl
blbl

bl bl

bl bl

bl bl

bl bl

blbl blbl

blbl blbl

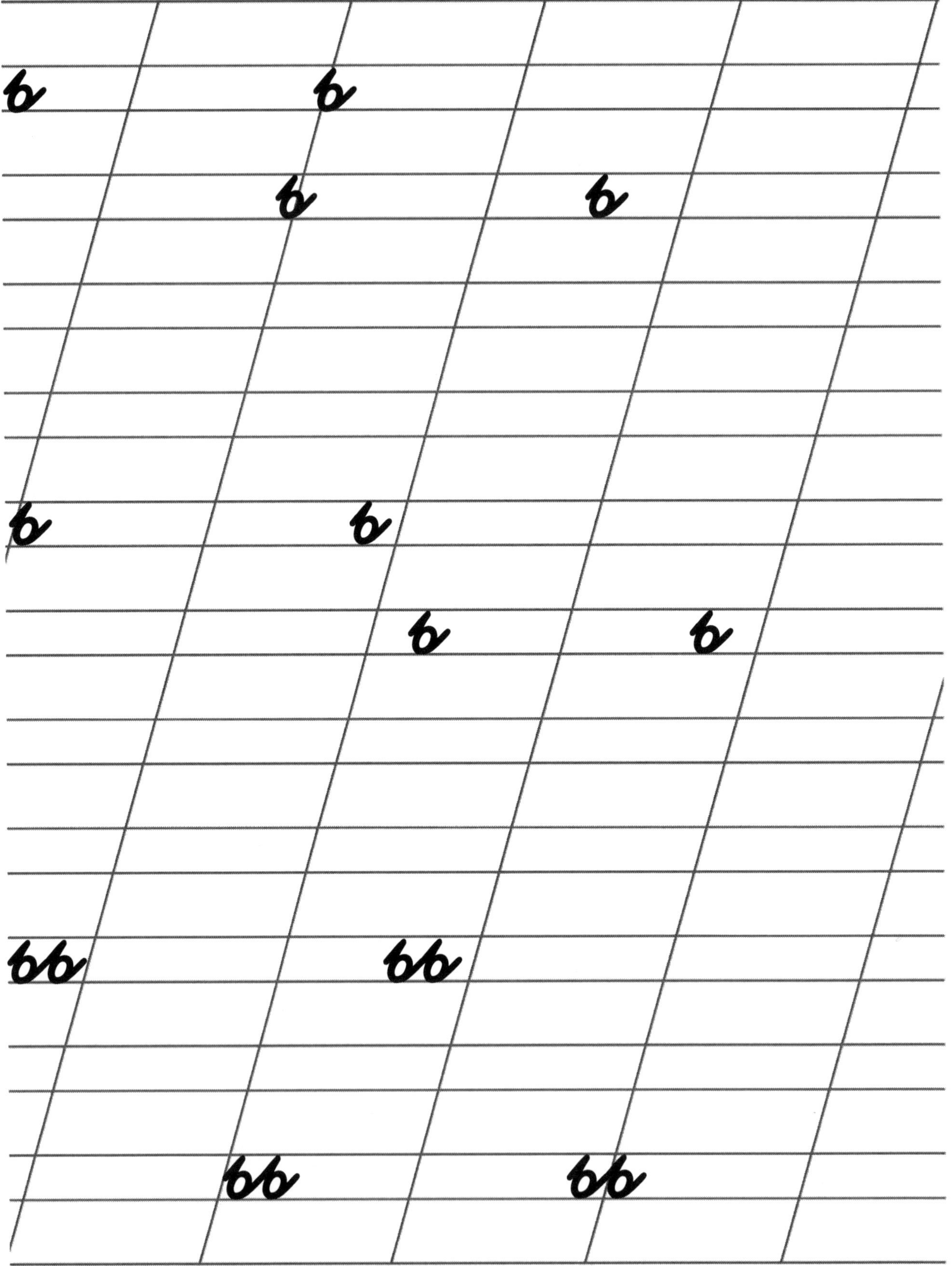
b
b
b
b
b
b
b
b
bb
bb
bb
bb

b b

b b

b b

b b

bb bb

bb bb

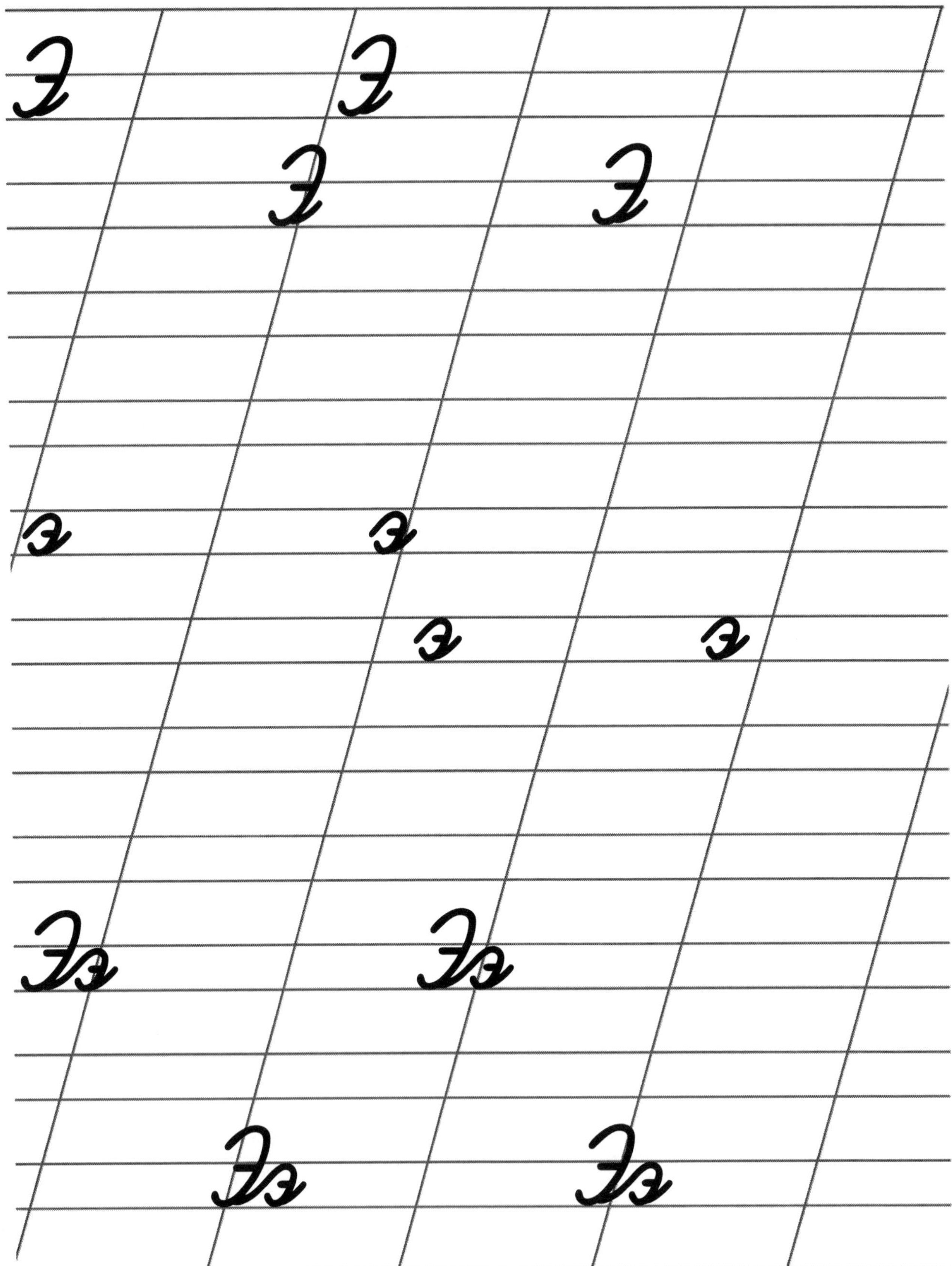
Э Э
Э Э
э э
э э
Ээ Ээ
Ээ Ээ

Э Э

Э Э

э э

э э

Ээ Ээ

Ээ Ээ

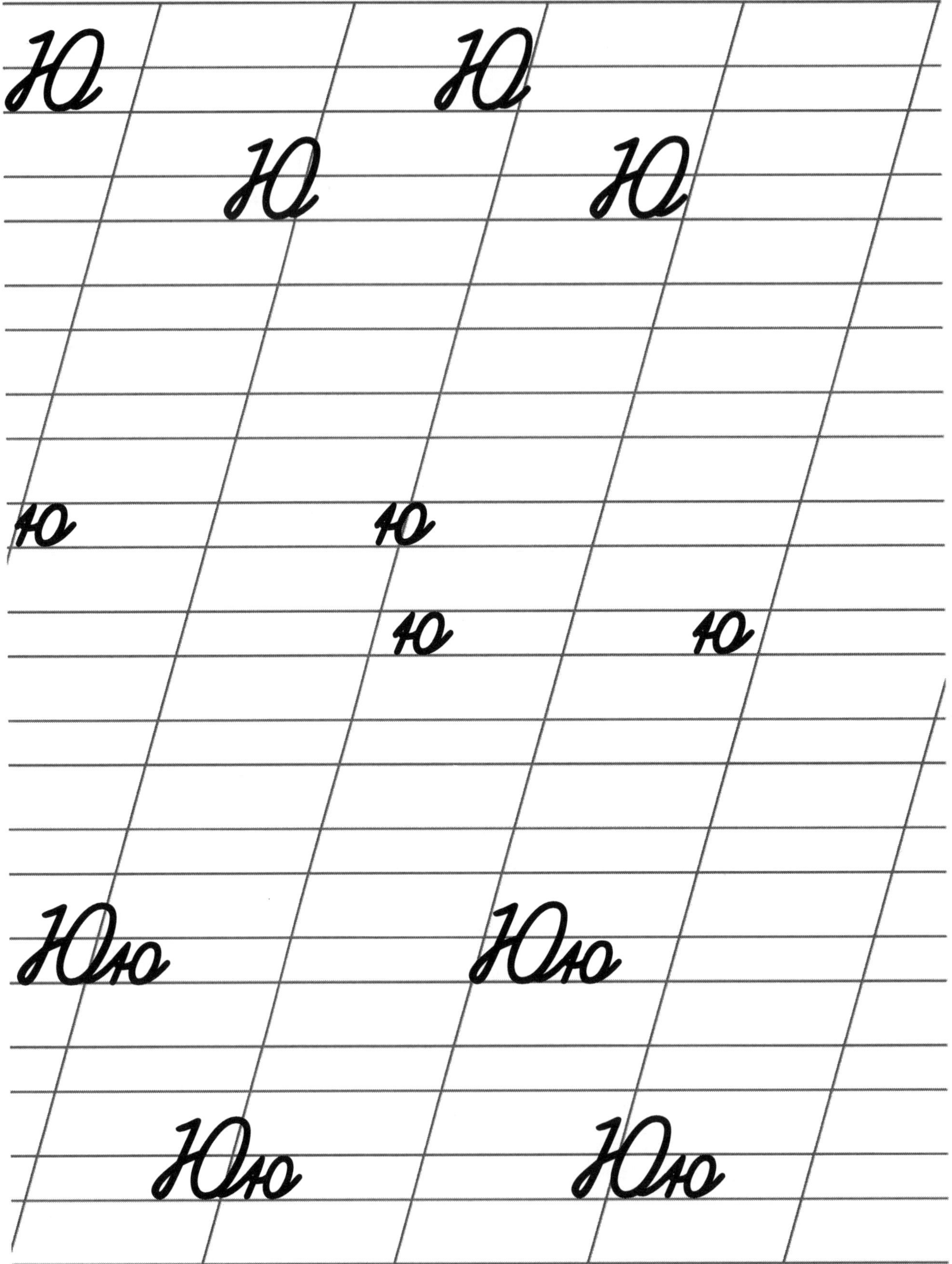
Ю Ю
Ю Ю
ю ю
ю ю
Юю Юю
Юю Юю

Ю Ю

Ю Ю

ю ю

ю ю

Юю Юю

Юю Юю

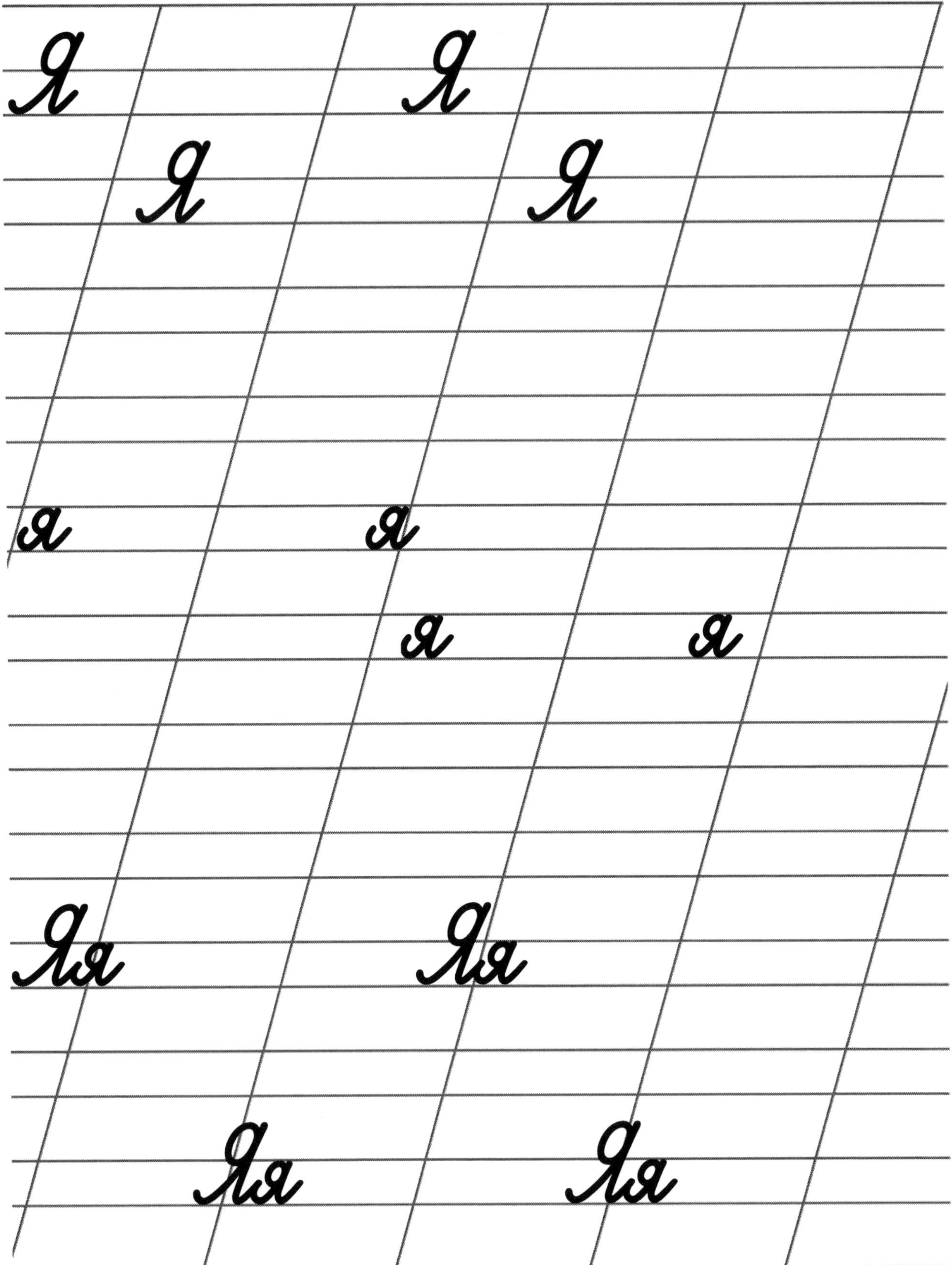
Я Я
Я Я
я я
я я
Яя Яя
Яя Яя

я я
я я
я я
я я
Яя Яя
Яя Яя

ая

ао

еа

её

юр

ел

по

до

ши

жа

те

аро

аоз

леа

ем

юсь

пел

про

здо

шми

сжа

для

Ча

чай

час

мак

сам

ша

ох

мох

каша

Маша

щи

агро

воз

леш

алик

эхо

сел

тро

змо

жлиш

цок

бир

про
ове
мед
юрт
хип
щав
гро
ёло
лос
это
ядр

Бег
баба
вам
аж
мол
шар
соль
гол
ваша
пир
Саша

дом

жук

кот

май

кит

дед

уже

зуб

бок

ерш

оса

сом

сон

шаг

рог

бук

лук

мех

мед

дом

йог

имя

сыр

ель

нос

дуб

вид

юла

эхо

век

ком

лев

мак

вагон

малыш

туман

марка

дырка

шутка

ведро

лодка

весло

рынок

молоко

Доброе утро!

Новая игрушка.

Поздравляю тебя!

Мал да удал.
На ошибках учатся.
Первый шаг труден.

Повторенье —

мать ученья.

Век живи —

век учись.

Учиться —

всегда пригодится.

Делу время,

а потехе — час.

Минута час бережет.

Сделал дело – гуляй смело!

Ночью не спит,

Мышей сторожит.

Кто на себе свой

дом носит?

Сто одёжек,

а все без застёжек.

Летом – серый,

зимой – белый.

Хвост крючком,

Нос пятачком.

Водяные мастера

Строят дом без

топора.

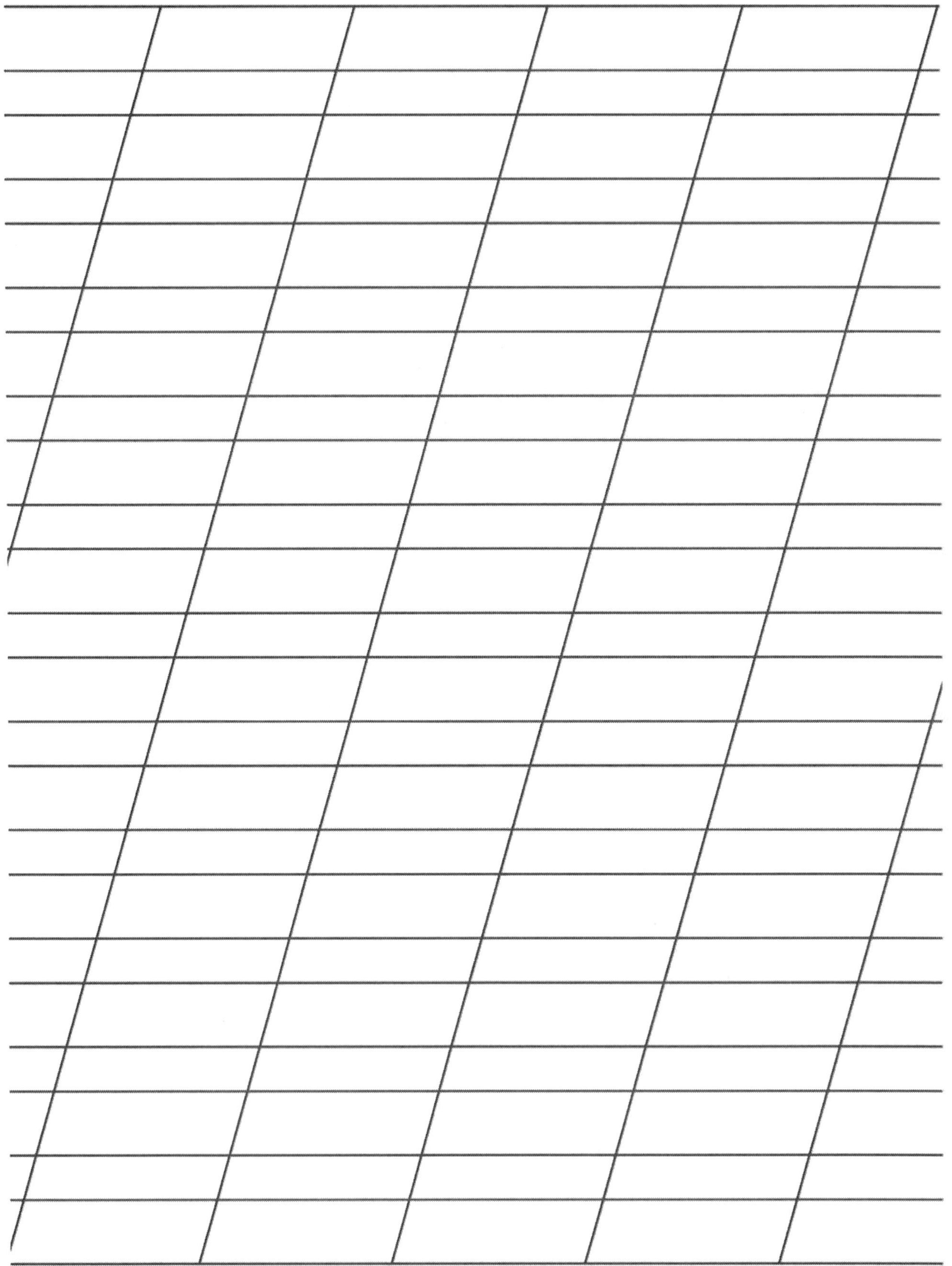

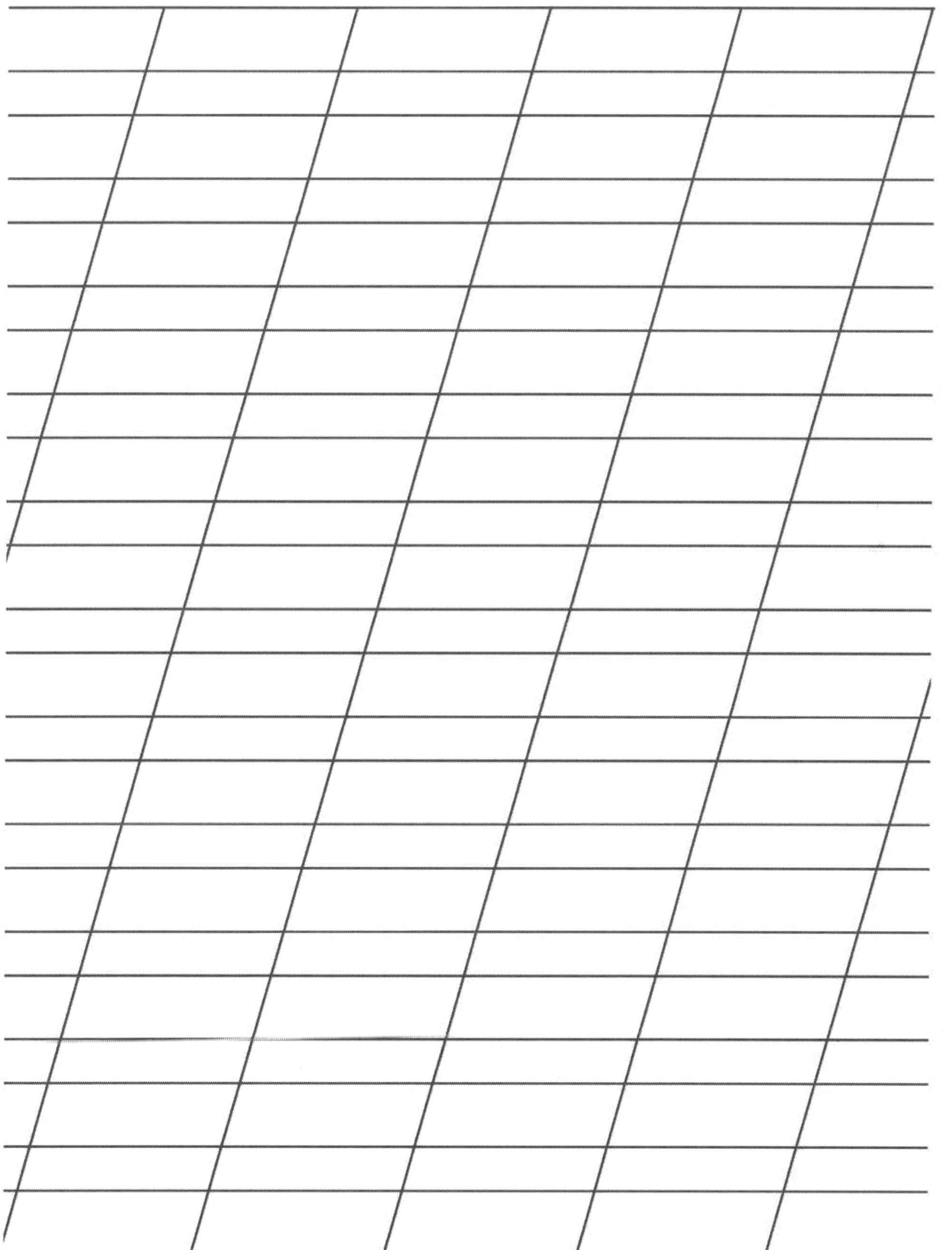

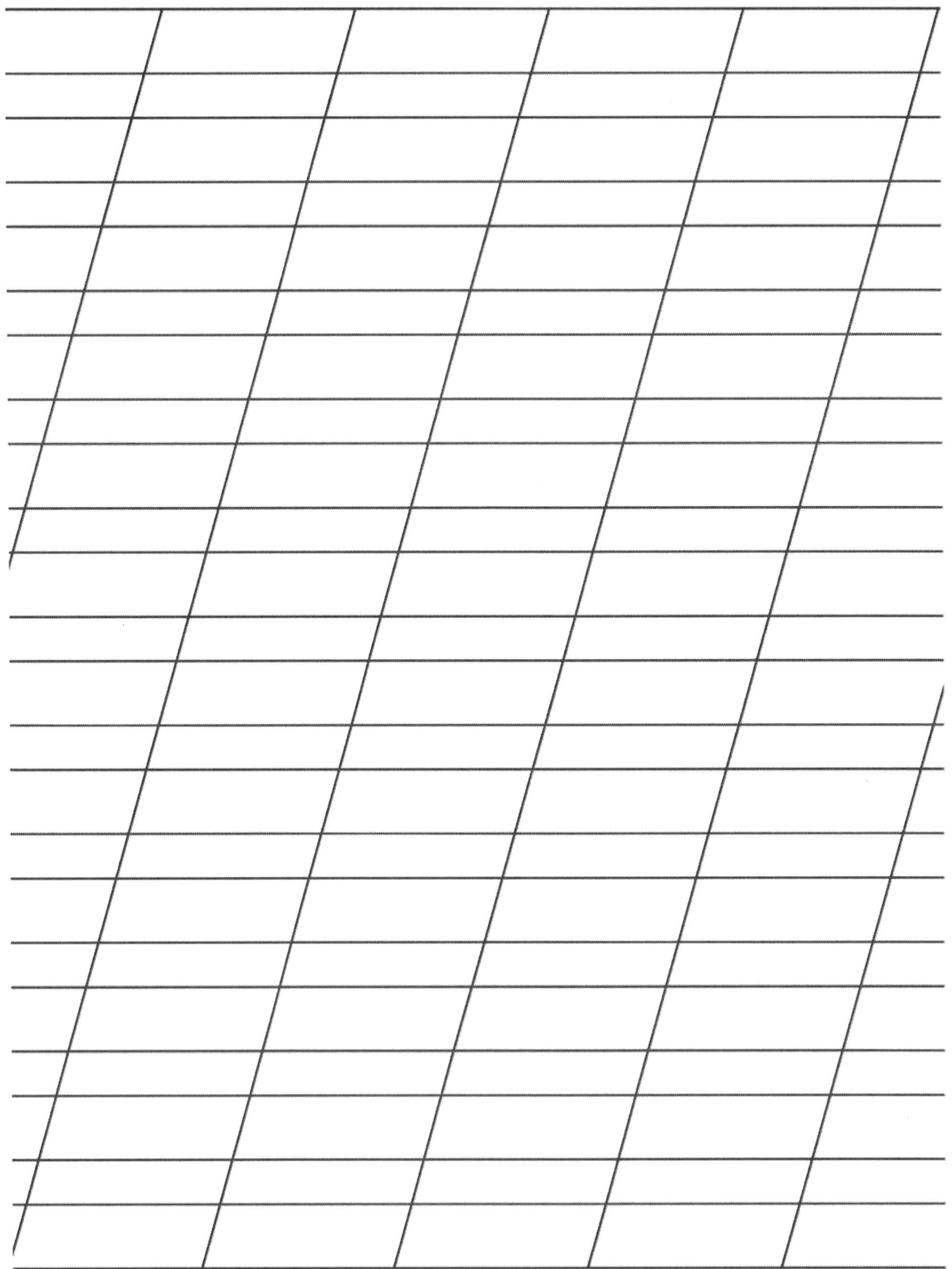

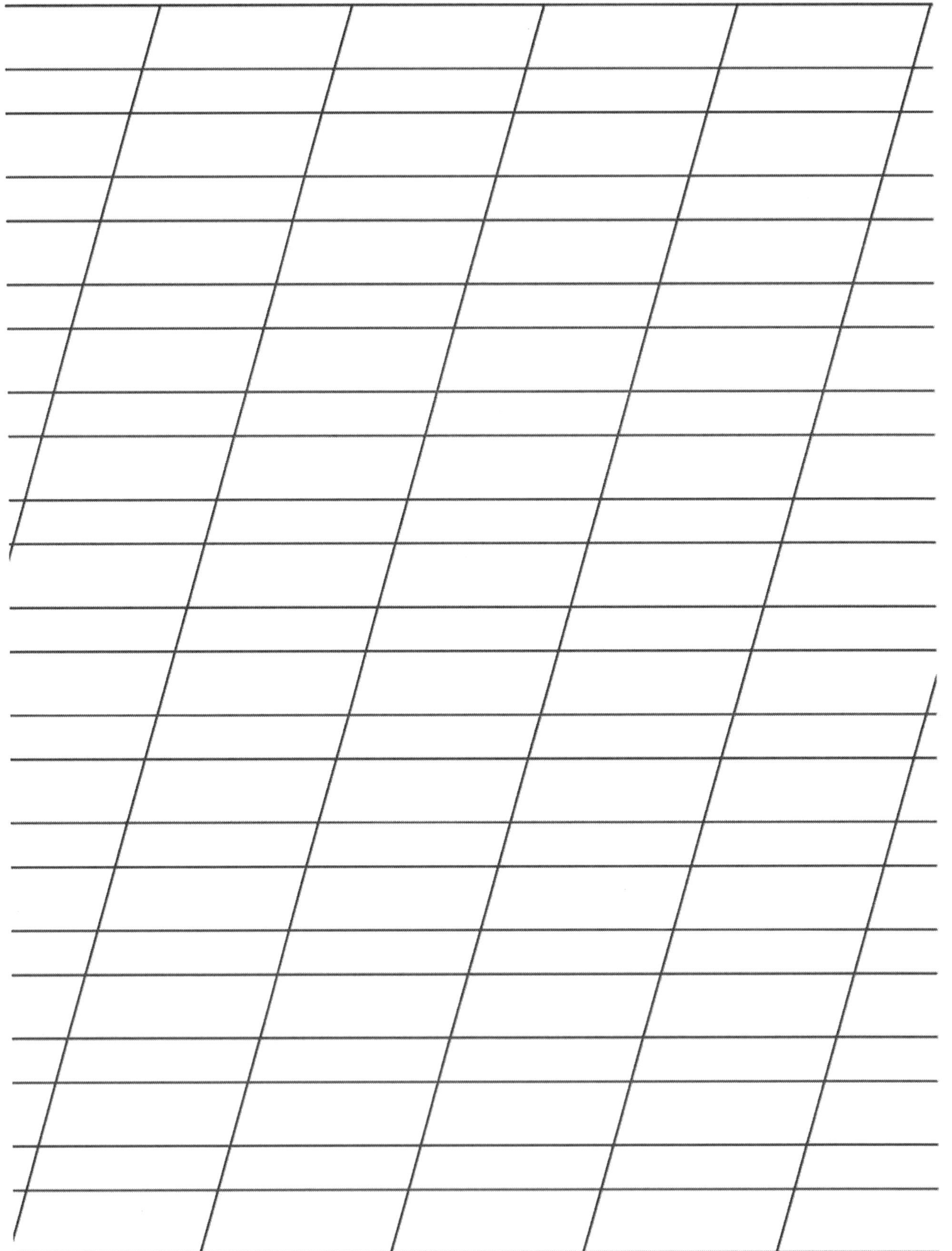

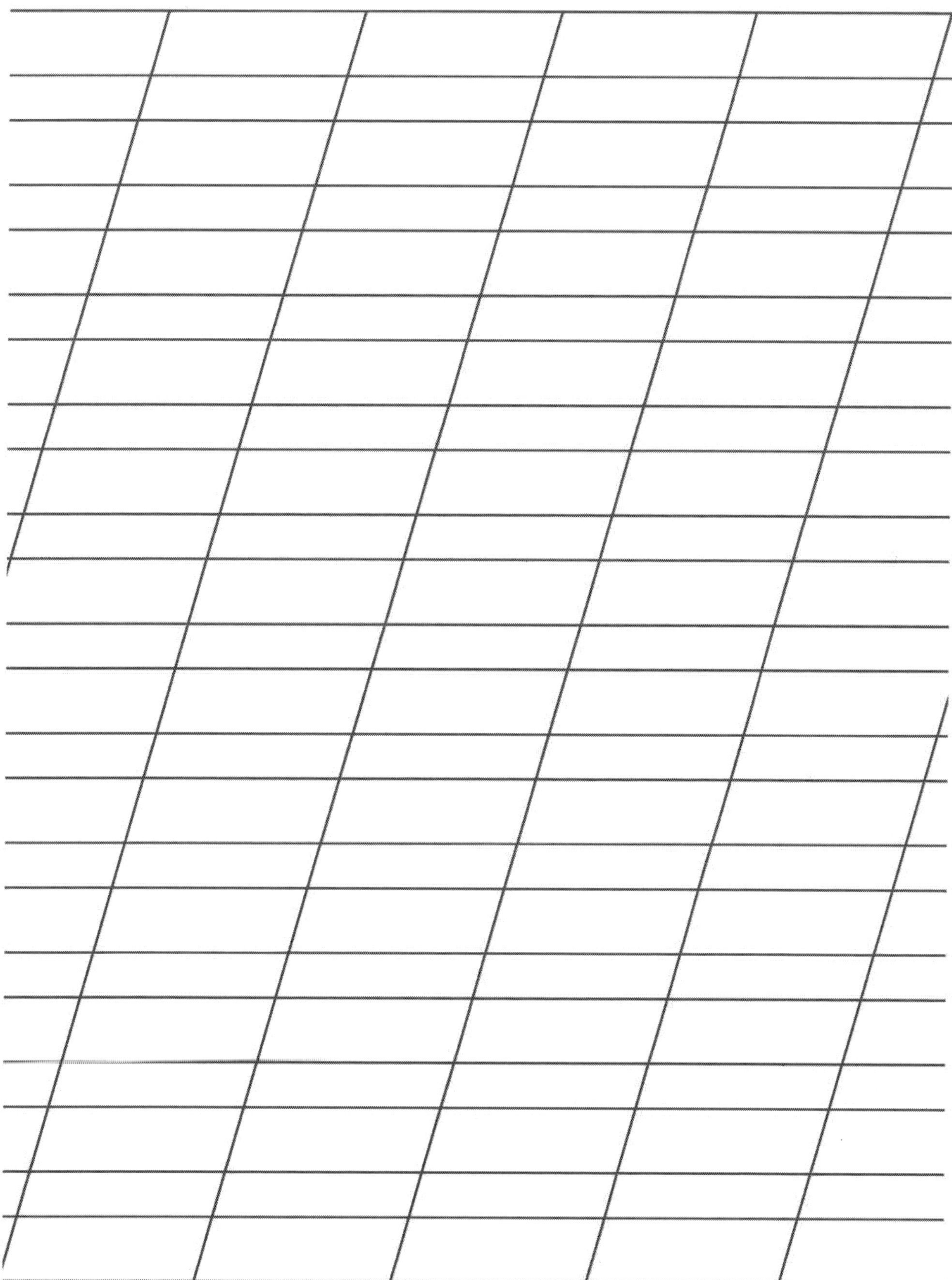

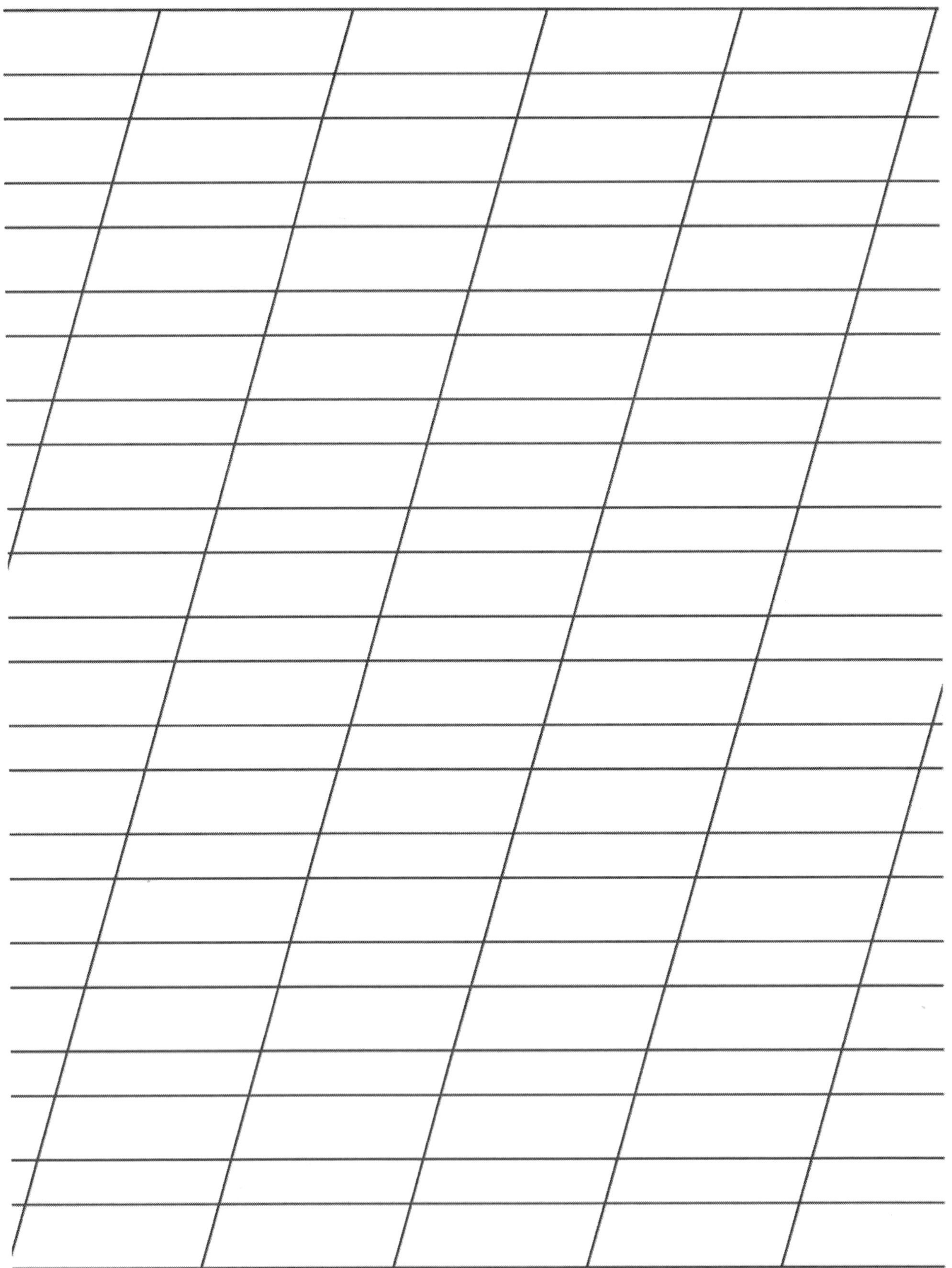

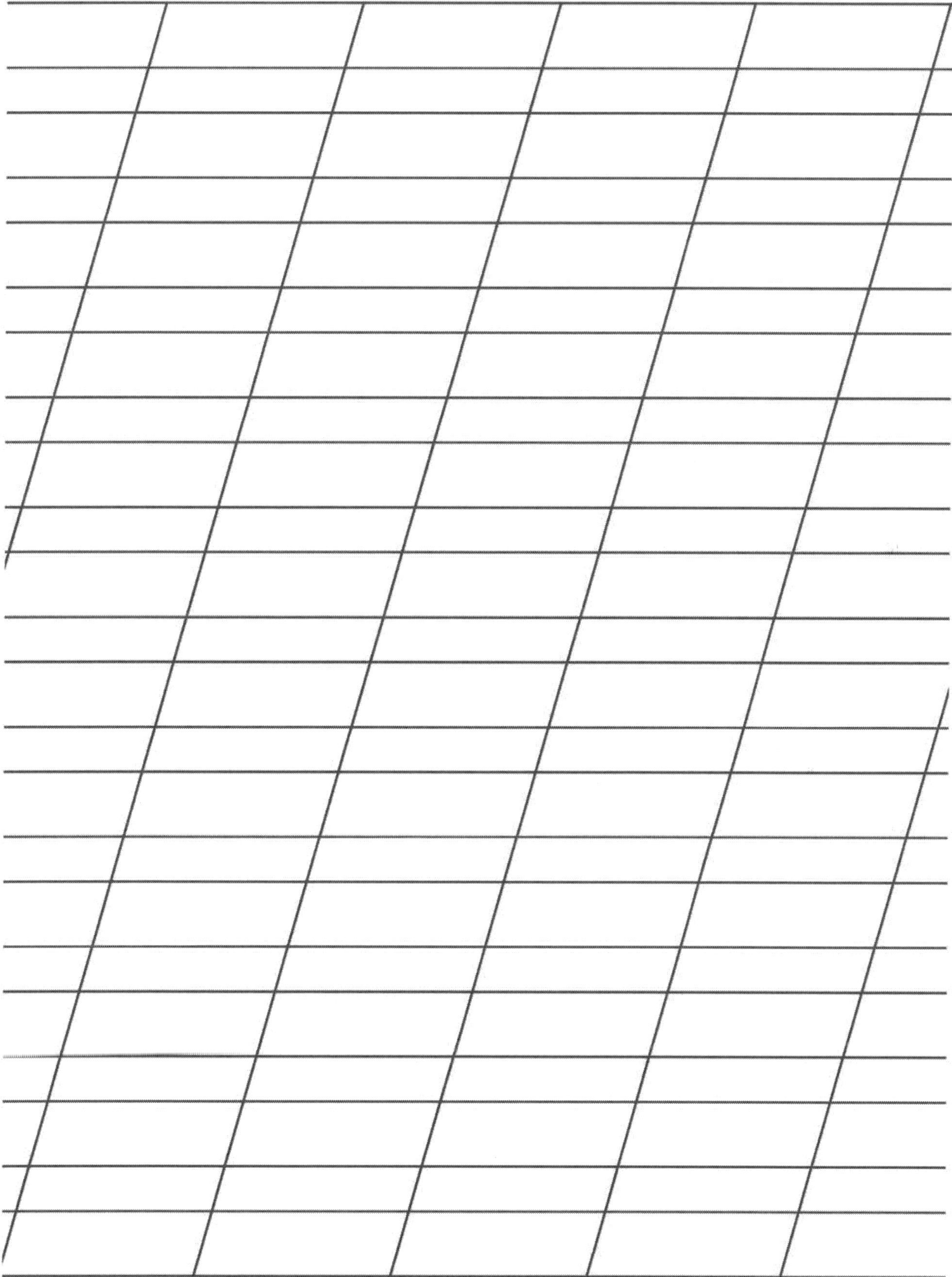

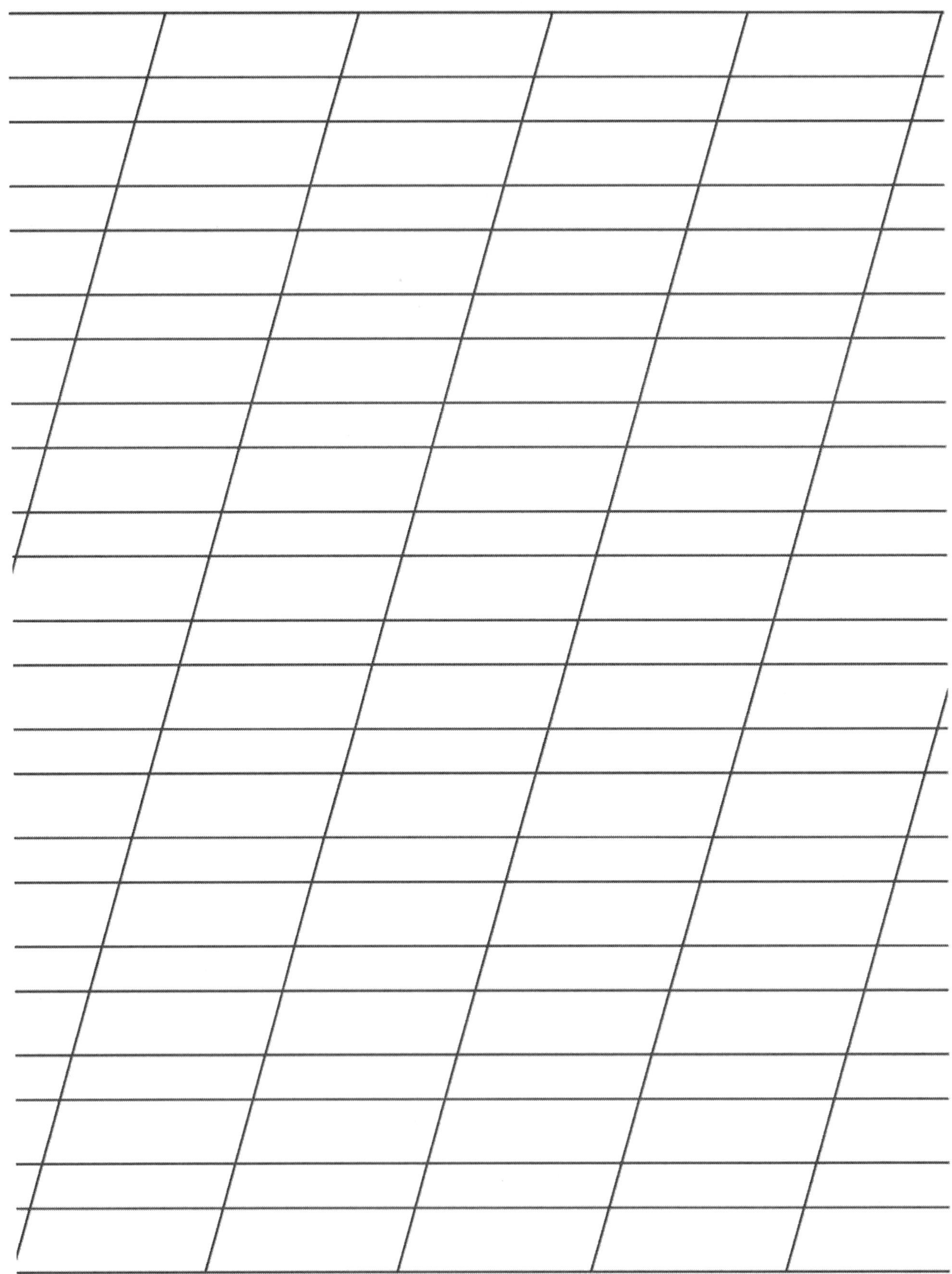

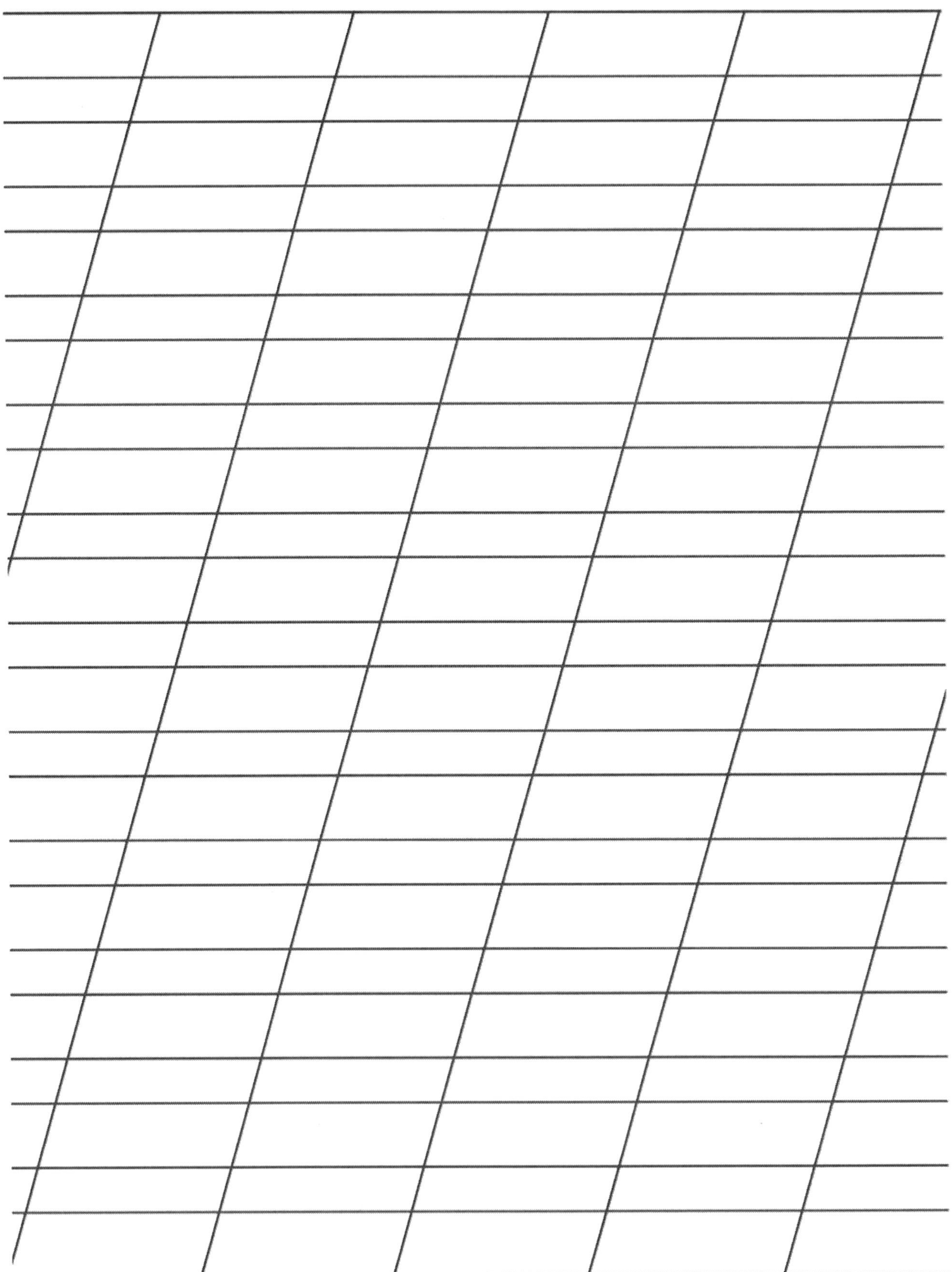

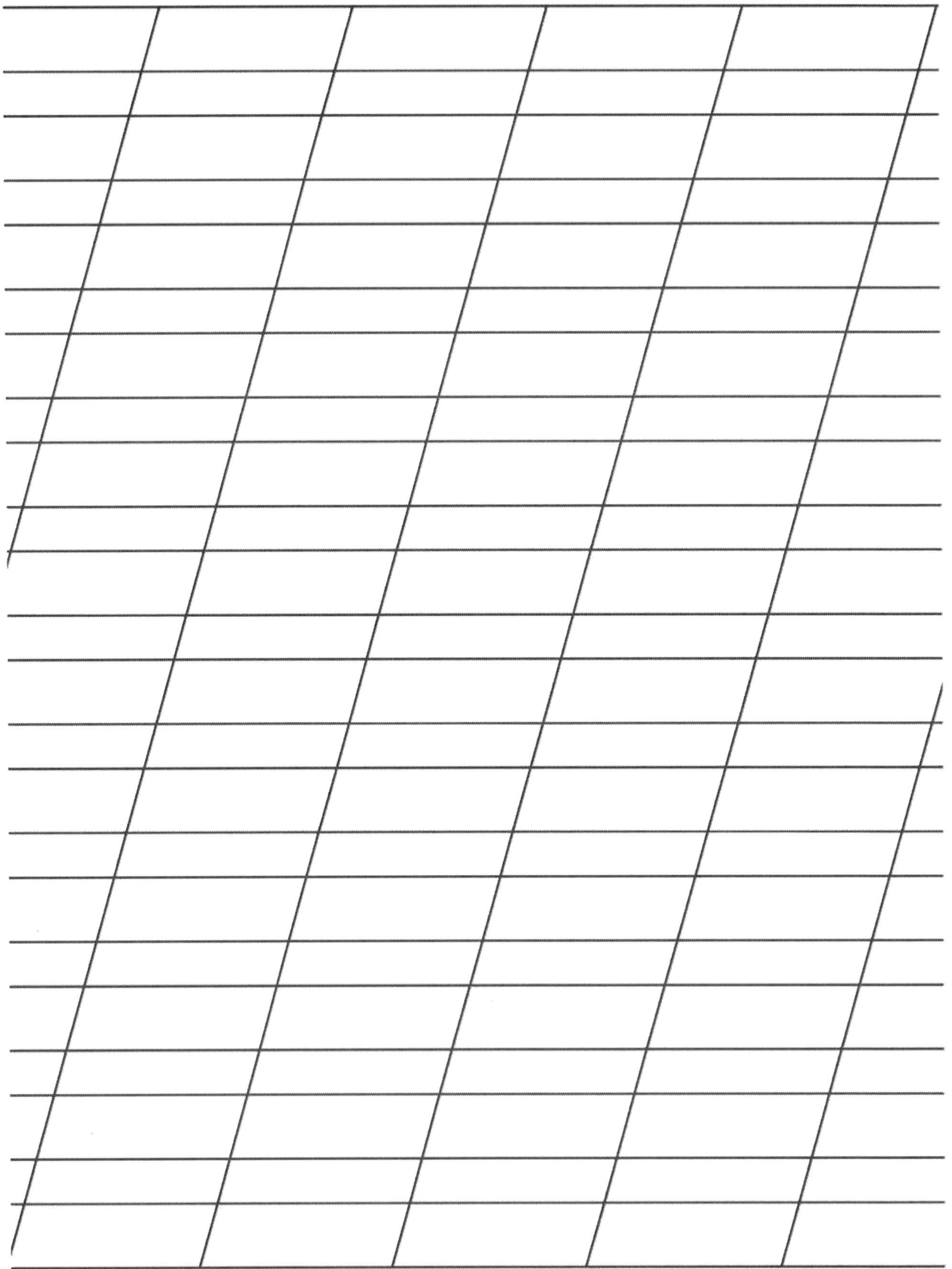

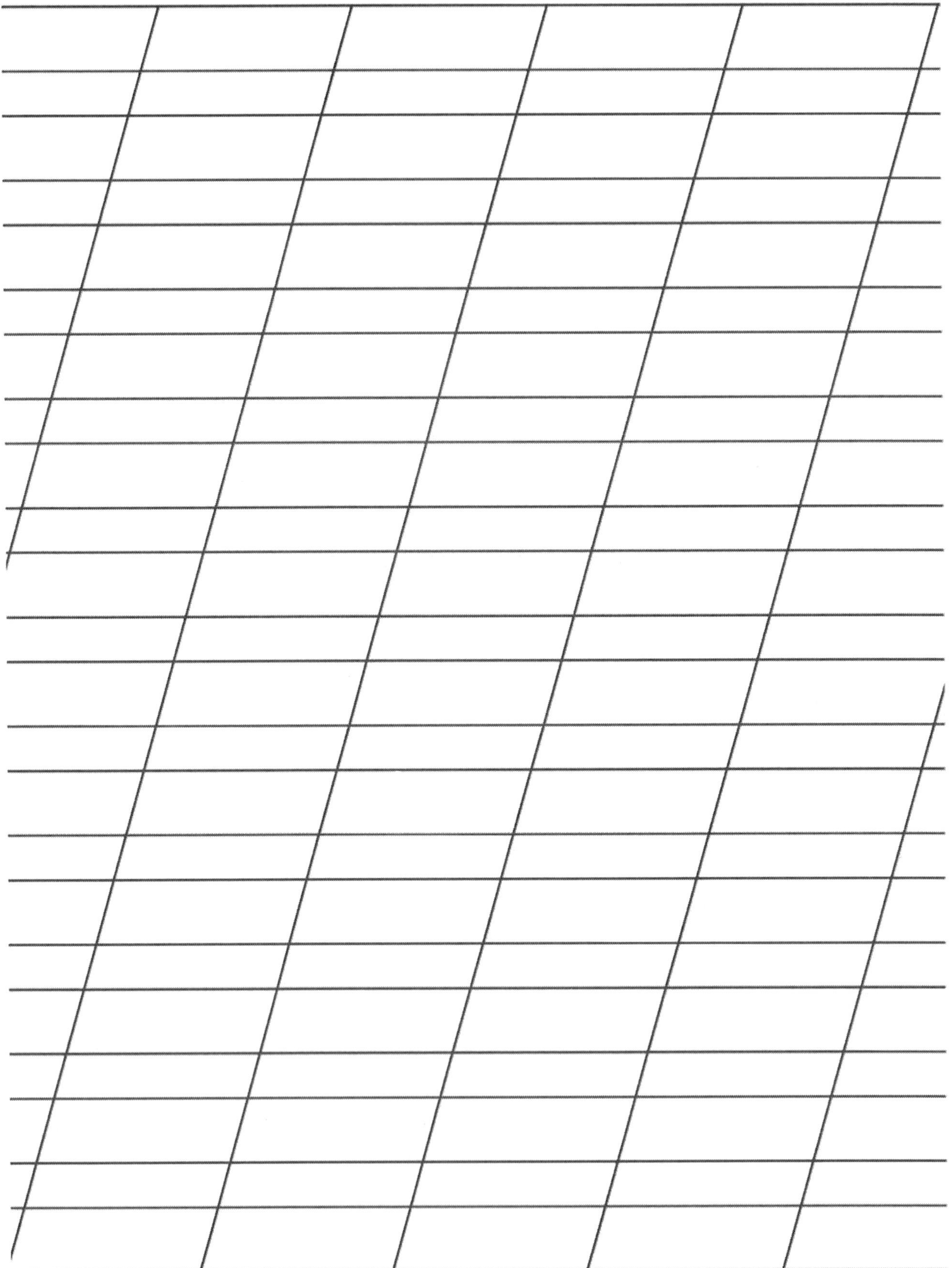

Printed in Great Britain
by Amazon

55425096R00057